MULHERES do EVANGELHO

MULHERES *do* EVANGELHO

e outros personagens
transformados pelo encontro com Jesus

ROBSON PINHEIRO
pelo espírito **ESTÊVÃO**

casa**dos**espíritos

1ª edição | abril de 2005 | 4 reimpressões | 18 mil exemplares
2ª edição revista | fevereiro de 2009 | 3 mil exemplares
6ª reimpressão | outubro de 2010 | 3 mil exemplares
7ª reimpressão | abril de 2012 | 2 mil exemplares
8ª reimpressão | maio de 2013 | 2 mil exemplares
9ª reimpressão | setembro de 2014 | 3,5 mil exemplares
10ª reimpressão | março de 2023 | 1 mil exemplares
Casa dos Espíritos Editora, © 2009

Todos os direitos reservados à
CASA DOS ESPÍRITOS
Avenida Álvares Cabral, 982, sala 1101
Belo Horizonte | MG | 30170-002 | Brasil
Tel/Fax +55 31 3304 8300
www.casadosespiritos.com.br
editora@casadosespiritos.com.br

Dados Internacionais de Catalogação na Publicação [CIP]
[Câmara Brasileira do Livro | São Paulo | SP | Brasil]

Estêvão (Espírito).
Mulheres do Evangelho e outros personagens transformados pelo encontro com Jesus /
pelo espírito Estêvão; [psicografado por] Robson Pinheiro. – 2ª ed. rev. – Contagem, MG:
Casa dos Espíritos Editora, 2009.

ISBN 978-85-87781-17-8

1. Bíblia N. T. Evangelhos – Crítica e interpretação 2. Espiritismo 3. Histórias Bíblicas 4.
Jesus Cristo – Interpretações espíritas 5. Mulheres na Bíblia 6. Psicografia I. Pinheiro,
Robson. II. Título.

05-1489   CDD: 133.93

Índices para catálogo sistemático:
1. Mulheres do Evangelho: Mensagens Psicografadas: Espiritismo 133.93

Vês tu esta mulher?

Entrei em tua casa, e não me deste água para os pés; esta, porém, regou com lágrimas os meus pés, e os enxugou com os cabelos. Não me deste ósculo, mas ela, desde que entrou, não cessou de me beijar os pés. Não me ungiste a cabeça com óleo, mas esta ungiu-me os pés com ungüento. Por isso te digo que os seus muitos pecados lhe são perdoados, pois muito amou.

Lucas 7:44-47

Sumário

Parte III
Outros personagens

Posfácio

Carta ao leitor
Pelo espírito Estêvão

Ao redigirmos alguns apontamentos sobre personagens que tiveram suas vidas imortalizadas nas páginas sublimes do Evangelho, convém observar que o fizemos a fim de que possam servir de auxílio ao estudioso das palavras consideradas sagradas. São apenas observações pessoais de alguém que estuda e aprecia o conteúdo sagrado dos ensinamentos deixados pelo Mestre da Galiléia. Alguns comentários talvez sejam necessários para que compreendamos certos aspectos que envolvem os personagens bíblicos, segundo uma ótica espírita mais abrangente.

Não pautamos nossos comentários por palavras ditas ou escritas por outros espíritos ou outros médiuns. Os apontamentos presentes neste livro são pessoais, uma interpretação pessoal (sim, espíritos também possuem opiniões!), os quais não invalidam nem desmerecem qualquer ponto de vista que outro espírito possa ter a respeito dos mesmos fatos.

Gostaríamos apenas de pedir aos irmãos leitores que desenvolvam sensibilidade para perceber que não estamos dogmatizando *absolutamente nada* em relação aos personagens aqui apresentados. O que intentamos, ao desenvolver nosso pensamento nestas páginas, é tão-somente apresentar uma dimensão espiritual, um ensinamento moral e um ponto de vista de alguém que estuda a verdade — não em seu sentido literal —, procurando tirar do simbolismo o ensino que serve para a modificação da visão interna do ser humano.

Dessa forma, nossas observações e nossos apontamentos a respeito de muitos personagens do Evangelho poderão até mesmo se confrontar com outros desenvolvidos por eminentes espíritos através de médiuns diversos. Torno a repetir: o objetivo é apresentar um ponto de vista, uma opinião — à qual todos têm direito —, e não copiar os pontos de vista de outros seres ou mesmo repetir afirmações e descrições.

Que o leitor tenha a sensibilidade para extrair o "espírito" da letra; que consiga ir além das aparências e entrar em sintonia com o objetivo desta obra: valorizar o aspecto espiritual, e não os fatores geográficos, históricos ou mesmo sociais das pessoas que desfilam nas páginas do Evangelho.

Outras ocorrências que merecem menção com referência a nossos singelos e despretensiosos apontamentos: a hermenêutica bíblica e o contexto no qual foram escritos os ensinamentos imortalizados no

Evangelho. É bom atentar para tais aspectos quando se pretende ajuizar sobre algum ponto de vista emitido ou uma interpretação dada. Mesmo entre nós, os desencarnados, existem pontos de vista, opiniões diferentes e às vezes divergentes, a respeito de uma mesma situação. Algo assim pode ser ilustrado como um prisma espiritual, que decompõe a verdade sob diversos aspectos, para que pessoas de formações culturais distintas possam encontrar a sua "verdade", aquilo que fala mais profundamente ao seu coração.

Enfim, ao escrevermos estas palavras, queremos falar mais ao coração do que à razão. Por isso, a linguagem mais poética e menos didática que permeia nossos apontamentos.

A você, leitor, o nosso carinho, simplesmente, sem nenhuma pretensão de estarmos ditando verdades eternas e imutáveis. Apenas um ponto de vista, uma interpretação realizada com coração, para os corações.

Com amor, sempre,

ESTÊVÃO (ESPÍRITO)

Jesus volta à Terra

Foi no ambiente espiritualizado e saudoso da antiga Galiléia que a humanidade experimentou pela primeira vez as reverberações luminosas do Alto se fundindo com a humanidade terrestre. Lá, naquele recanto obscuro, porém sublime, foi onde o Embaixador da Vida executou a maior sinfonia que já pôde ser ouvida pelos corações dos homens. Hoje, transcorridos cerca de dois mil anos de sua presença entre os filhos da Terra, ainda ressoa a mensagem da imortalidade gloriosa. Lágrimas são vertidas e corações são tocados ante as notas harmoniosas dedilhadas na harpa da saudade.

Eis que os vossos afetos que vos precederam na grande viagem do infinito retornam, fazendo suas vozes ressoarem por toda a Terra, fazendo-vos relembrar a divina origem de todos nós. Consolando corações, levantando os ânimos, imprimindo esperanças, provando a soberania da vida sobre a morte, esses espíritos do Senhor sobrevoam os céus dos sofrimentos humanos e as cinzas da incredulidade, chamando-vos para a união íntima com o Pai, autor da vida.

Filhos amados, eis a nossa contribuição humílima às vossas conquistas íntimas, aos vossos sentimentos, rogando ao Pai das luzes eternas que vos abrigue em seu pensamento generoso e apóie a vossa caminhada.

Parte **I**

Encontro com Jesus

Capítulo

A vinda de Jesus 1

E ELA DEU À LUZ *a seu filho primogênito, envolveu-o em panos, e o deitou numa manjedoura, porque não havia lugar para eles na hospedaria.*

Havia naquela mesma região pastores que viviam nos campos, e guardavam o seu rebanho durante as vigílias da noite. Apareceu-lhes um anjo do Senhor, e a glória do Senhor os cercou de resplendor, e foram tomados de grande temor.

O anjo lhes disse: Não temais. Eu vos trago novas de grande alegria, que o será para todo o povo. Na cidade de Davi vos nasceu hoje o Salvador, que é Cristo, o Senhor. Isto vos servirá de sinal: Achareis o menino envolto em panos, e deitado numa manjedoura.

Lucas 2:7-121

O Evangelho é a boa-nova de Deus

para a humanidade. Representa o esforço do Alto em implantar na Terra o reino de amor. Esse reino não é uma utopia. É uma realidade que por enquanto encontra sua plenificação no interior de cada um, no país da alma.

Para que um reino venha a existir, é necessário que haja uma lei diretora, que haja um governador.

O reino de Deus ou o reino dos Céus é seguramente entendido como o esforço empreendido ao longo dos séculos e milênios para transmitir aos habitantes da Terra a mensagem renovadora.

Desde as épocas remotas, que se perderam na noite profunda dos evos, o Alto tem enviado os seus mensageiros a fim de se fazer conhecida ao homem uma parcela da verdade — essa mesma verdade tão incompreendida através dos séculos, ainda mesmo por aqueles que se dizem seus apologistas.

O planeta Terra foi aos poucos sendo visitado pelos mensageiros das alturas. Vários povos foram presenteados com a vinda de emissários que a bondade

divina envia de tempos em tempos para o esclarecimento das consciências em evolução no mundo.

Em todas as épocas, em todas as latitudes da Terra, as vozes dos Céus se fizeram ouvir. Mas por terem
sido incompreendidas em todos os lugares onde se
fizeram presentes, o Alto resolveu programar uma
investida mais intensa. O nascimento do Cristo não
foi obra do acaso. Deus não se deixou surpreender
com as coisas do homem. Desde épocas imemoriais
faz parte do conselho dos espíritos puros a vinda
ao plano físico do governador espiritual do planeta
Terra. Aos poucos, através do conhecimento que a
humanidade recebia, foi sendo preparado o caminho para o maior de todos os profetas, o governador
espiritual do orbe.

Os espíritos diretores do sistema solar foram influenciando gradativamente os destinos do mundo. A
política, as artes, o comércio e as filosofias foram aos
poucos recebendo o sopro renovador dos espíritos
superiores. Roma foi conduzida ao palco político do
mundo para unificar os povos. Sua influência, apesar
de haver sido estabelecida através de suas armas de
ferro, contribuiu para a unificação das nações.

Quando se aproximava a época do nascimento
do Mestre, as guerras paulatinamente cessaram. A
influência benfazeja do plano superior foi amorte-
cendo as energias conflitantes dos governos terres-

tres. Em todas as áreas do conhecimento humano a influência benfazeja dos Imortais se fazia sentir. O povo judeu, que, ao longo dos anos, não encontrava paz para sua nação, encontrou certa tranqüilidade moral, política e emocional por ocasião do advento do Mestre divino.

A voz dos profetas já não se fazia ouvir há mais de 400 anos. O tempo, que transcorria sob as bênçãos de Deus, proporcionava uma época para meditação, para reflexão dos povos e, principalmente, do povo judeu. Embora os abusos provenientes da condição evolutiva dos povos terrestres, uma aura de paz envolvia os povos da Terra.

A aproximação da vibração crística sobre a morada dos homens é que produzia as bênçãos com as quais o homem não estava acostumado.

Os emissários de todas as épocas, então desencarnados, se reuniram sobre os céus do planeta Terra a fim de ajudar na execução do grande plano cósmico.

Jesus, o ser angelical que organizou, que governa os destinos dos povos terrestres foi se aproximando vibracionalmente da morada dos homens. Sua aura magnética, que envolvia toda a extensão do sistema solar, foi aos poucos se reduzindo, se contraindo, sob a ação de sua vontade soberana. A redução das energias de sua aura fazia com que Ele, o espírito mais puro que foi dado aos homens conhecer, entrasse em contato com as vibrações e os fluidos impuros e pesados do planeta Terra.

Jesus foi assumindo, através dos séculos, a própria natureza humana, a fim de que, no tempo devido, pudesse assumir um corpo semelhante ao dos homens terrestres.

A sua ação nos fluidos da Terra tinha como objetivo fazer com que Ele, o divino diretor de nossas almas, pudesse adquirir algum ponto de contato com a matéria etérica ou astral que compunha o orbe terreno. Dessa matéria, de sua parte mais sutil, é que seria formado o corpo espiritual do Mestre, que, mais tarde, através de Maria, aglutinasse, em torno de seus centros de força radiantes, as células físicas das quais seria formado seu corpo físico.

Ao longo de séculos se deu esse descenso vibratório. Anos e decênios transcorreram até que aquele espírito puro pudesse encontrar um ponto de contato com a vibração do mundo material. Imensas quantidades de energias foram manipuladas, até que os dirigentes do Alto conseguissem eleger o corpo ideal, por meio da seleção de genes e cromossomos. Através dessa seleção genética — que os Evangelhos relatam como sendo a genealogia de Jesus, realizada ao longo das 14 gerações que vão de Davi até José e Maria —, o corpo físico que o Mestre iria organizar para a habitação de seu espírito foi elaborado. Maria, José e os seus antecedentes na árvore genealógica foram escolhidos não somente pela eleição natural de seus espíritos, como também pela constituição física preservada através dos séculos.

Engenheiros siderais, cientistas do cosmos, espíritos sublimes que eram os responsáveis pela humanidade formavam a legião de almas iluminadas que foram vistas sobre o local do nascimento do Mestre na manjedoura, sob a forma de estrelas. Formavam a legião de Imortais que, após o trabalho de séculos, viram o grande plano divino ser finalmente realizado sob a paternal proteção de Deus.

A voz do Cristo

Ante as perspectivas que se esboçam nos céus da humanidade, visualizemos Jesus, a senha da vida e mestre sensível de nossa alma. Naquele dia, quando caminhava, deixando suas marcas no solo do planeta terrestre, os homens ainda dormiam. Esquecidos de suas responsabilidades, a vida social e política transcorria paralelamente aos eventos que marcaram a história, na pessoa do Cristo.

Sua foi a voz que ressoou nos altiplanos da Judéia ou nos vales formosos de Cafarnaum e Betânia.

Sua foi a mensagem que mais tarde sensibilizaria os domínios dos Césares e descobriria os valores adormecidos dos filhos da Terra.

Embora os humanos dormissem o sono dos incautos e despreocupados, Ele trabalhou no silêncio dos séculos, elaborando lentamente o futuro dos povos no laboratório do mundo. Mesmo que os seus seguidores se tenham esquecido do sentido de seus ensinamentos, jamais Ele se deu por vencido, e, quando a turba romana julgou haver amortecido sua voz no frio da sepultura, aquilo que parecia derrota se transformou no símbolo da vitória de seu espírito. A sepultura vazia atestava a vida que prosseguia vitoriosa além das expectativas humanas.

Hoje, quando os governos terrestres ainda se encontram digladiando nos circos da política humana, Ele, o governador supremo e administrador geral dos destinos humanos, permanece atento aos bastidores da história. Quando os homens pensam deter o poder, a morte, como parceira da vida, modifica de um dia para o outro o panorama da política e das vidas humanas, provando que Jesus coordena os destinos do mundo.

Ruem o orgulho e a indisciplina e, ante o poder da vida e do Mestre, a política divina evidencia-se mais ampla, abrangente e mais brilhante do que todos os planejamentos dos laboratórios humanos.

Mostram-se falhas as plataformas e projetos dos homens, mas Ele, o amigo das horas incertas, o Mestre e embaixador das estrelas, permanece lúcido em meio às constelações da Via-Láctea, orientando cada passo das humanidades a Ele subordinadas.

Portanto, não é necessário temer os males aparentes, que, ante a magnitude do grande plano do Arquiteto universal, são como poeira a dispersar-se no vendaval das futilidades humanas.

Entreguemo-nos a Ele, o amigo que nunca falha, e coloquemo-nos à disposição das forças soberanas da vida, que personificam o bem em benefício de todos nós. Somente Jesus detém autoridade moral suficiente para nos conduzir em meio às estrelas da Via-Láctea, rumo ao brilho dos sóis, para onde demanda a nossa marcha sideral.

Capítulo **2**

A política das
bem-aventuranças

BEM-AVENTURADOS *os pobres de espírito, porque deles é o reino dos Céus.*

Bem-aventurados os que choram, porque eles serão consolados.

Bem-aventurados os mansos, porque eles herdarão a Terra.

Bem-aventurados os que têm fome e sede de justiça, porque eles serão fartos.

Bem-aventurados os misericordiosos, porque eles alcançarão misericórdia.

Bem-aventurados os puros de coração, porque eles verão a Deus.

Bem-aventurados os pacificadores, porque eles serão chamados filhos de Deus.

Bem-aventurados os que sofrem perseguição por causa da justiça, porque deles é o reino dos Céus.

Mateus 5:3-10

Abrem-se as portas do tempo, e o novo milênio é recebido com a oferta e o tributo da insensatez humana. Mas, ante a visão espiritual, as lágrimas e provações que vêm ao encontro de nossos irmãos apenas refletem a nossa necessidade de Jesus, a sede de Deus e a urgência de se fazer paz e silêncio no clima tempestuoso dos corações humanos.

À semelhança dos dias antigos da Galiléia, quando Pedro, Tiago e João enfrentavam o mar revolto e as tempestades ameaçadoras, a nau da embarcação terrestre está soçobrando, balançando, a enfrentar a fúria advinda dos corações dos filhos da Terra.

Também àquela época recuada no tempo, em Genesaré, os apóstolos, simbolizando todos nós, os filhos da Terra, aguardavam a intervenção divina.

A tempestade ameaçava a estabilidade do barco dos pescadores quando o Mestre assumiu o comando da natureza e, pacificando os elementos com a firmeza do seu amor, acalmou os corações amedrontados dos seus seguidores.

Precisamos de Jesus, do seu comando, de sua direção. O mundo ainda não está preparado para seguir a sua marcha sem a referência preciosa do coração do Mestre.

Para que a paz se estabeleça no mundo e a guerra ceda o seu terreno para o estabelecimento do amor, é preciso falar de Jesus, viver Jesus e respirar Jesus por todos os poros da alma.

Não basta realizar caminhadas pela paz se não exercitarmos a paz na família. Não adiantará clamar contra a guerra sem fazer silêncio na alma para ouvir a voz do Divino Timoneiro.

O mundo nunca precisou tanto de Jesus quanto hoje. Há que se estabelecer a paz definitiva em nossos corações, relembrando Jesus acalmando as tempestades. É momento de auxiliar o Mestre em sua campanha permanente de não-violência e o recebermos em nossas vidas, corações e almas.

Quando o Mestre Jesus veio fazer a pregação do reino de Deus, Ele trazia à Terra uma nova proposta de vida. O reino dos Céus ou reino de Deus[1] representa a atuação das forças soberanas da vida para

[1] Questionado sobre o uso das expressões *reino de Deus* e *reino dos Céus* de modo indistinto – o que não faz em outros momentos –, o espírito Estêvão argumentou que preferiu, devido à natureza deste livro, não fazer diferença entre ambas, especificidade que seria apropriada apenas numa obra de conteúdo analítico. [Nota do editor.]

implantar no planeta o reino do amor.

O homem terrestre, acostumado há séculos com as questões de ordem material, não tinha olhos de ver nem ouvidos de ouvir. Para perceber a influência do Alto sobre as vidas dos homens é necessário lançar mão de sentidos diferentes. Novos olhos e novos ouvidos, ou — quem sabe? — novas percepções e sentidos mais sutis, sensíveis. O reino dos Céus, na Terra, é um reino real. Esse reino, para que o possamos compreender, podemos visualizá-lo como um governo interior, pois tal reino está alicerçado na realidade íntima, psíquica, intuitiva; portanto, espiritual. Porém, para que determinado governo tenha uma ação real e direta na vida comunitária, é preciso que haja uma lei e um legislador.

As bem-aventuranças refletem os princípios ou as leis sobre as quais se estrutura o reino divino. Refletem estados íntimos da alma humana em busca da alma divina do universo. Quando Jesus pronunciava as bem-aventuranças, realizava a pregação de sua plataforma política. Sim, de uma política divina, interna, subjetiva. A política humana era alicerçada em leis criadas pelo próprio homem e que os próprios legisladores das diversas nações desobedeciam — leis humanas para governos humanos; leis divinas para um reino divino.

"Bem-aventurados os mansos e pacíficos; bem-aventurados os simples de espírito..."

A lei divina que estrutura a realidade do novo homem, do *Homo spiritualis*, é uma lei natural, pois que é a expressão da simplicidade, a manifestação da mansuetude, a exteriorização dos estados internos da alma humana.

Baseada em tal realidade, ao longo dos séculos a lei do amor reconstruiria, por sobre as cinzas das sociedades humanas falidas, um novo reino, um novo governo, uma nova raça de homens.

As bem-aventuranças, vividas em sua simplicidade, inauguraram na Terra uma nova etapa de vida. Era o início da era do espírito imortal. A não-violência que se refletia na mansidão, na sapiência, na excelência dos valores espirituais.

Que se procure estudar cada palavra do sermão de Jesus e, em específico, das bem-aventuranças. Assim poderemos compreender a grandeza do reino de amor que o Cristo inaugurou no mundo há dois mil anos.

Parte **II**

Mulheres do Evangelho

Capítulo **3**

Maria de Magdala

Depois disto andava *Jesus de cidade em cidade e de aldeia em aldeia, pregando e anunciando o Evangelho do reino de Deus. Os doze iam com ele, e também algumas mulheres que haviam sido curadas de espíritos malignos e de enfermidades: Maria, chamada Madalena, da qual saíram sete demônios; Joana, mulher de Cuza, procurador de Herodes; Susana, e muitas outras, as quais o serviam com seus bens.*

Lucas 8:1-3

A Judéia vivia momentos incomuns. As águias romanas, espalhadas aos ventos, tremulavam nas flâmulas dos soldados e generais de César, atestando a violência que imperava nos corações e a coerção espiritual que caracterizava os povos de então.

Caius Julius Caesar Augustus, o Divino Imperador, espírito rebelde por natureza, já sentia em si o refluxo da própria altivez. Deixando-se influenciar pelas vibrações suaves que se aproximavam da Terra, transformou-se lentamente num esteta, no poeta e novo homem que passou a modificar o panorama interno do império romano. Aos poucos, sob a influência de uma aura magnânima e divina, as águias de Roma foram sendo depostas e a civilização da época conheceu um tempo de suavidade, que marcou aqueles anos sob a influência do Cristo.

Aproximando-se do planeta, chorando na manjedoura, dele foi a voz infantil que abalou para sempre o trono de César e depôs a altivez dos orgulhosos. Diante dele curvaram-se os maiores representantes

dos poderes terrestres e ante a sua voz submeteram-
se as entidades perturbadas e perturbadoras da marcha humana.

Suavemente Ele foi caminhando entre a multidão, e, sem sair dos limites estreitos da Judéia, sua
influência conseguiu atingir todo o planeta, mundo
de desterro dos filhos de Eva.

Naqueles dias, vivia na cidade de Magdala uma
mulher incomum. Acostumada ao luxo e ao fausto,
vendia-se para a soldadesca exigente e os generais
aquinhoados de ouro e de prata, na ânsia de encontrar a felicidade. No entanto, quanto mais se divi-
dia entre os cuidados do corpo, em seu palacete em
Magdala, mais sua alma desejava o toque da suavidade e ansiava o encontro com o homem com o qual
sonhara durante toda a sua existência.

Convidada por Mnair, o sábio persa que a vi-
sitara em seu lupanar, Maria acorreu para a vila de
Cafarnaum, local que para sempre ficaria registrado
em sua alma sensível e especial. Lá chegando, buscando em sua eterna caminhada, aquela alma femi-
nina, cansada dos caminhos tortuosos aos quais se
entregara, encontrou a casa singela de Barjonas, a
pousada do céu entre as montanhas da Galiléia e as
margens do Tiberíades.

Naquela tarde o sol dardejava seus raios dourados, que eram filtrados por entre as folhas das pal-

meiras e tornavam os cabelos daquele homem uma poeira de estrelas, refletindo o brilho do sol na cor amendoada de seus olhos penetrantes. As madeixas caíam-se-lhe sobre os ombros, e um largo sorriso estampava-se em seus lábios, que falavam, embora não articulassem qualquer palavra, no silêncio eloqüente típico das almas evolvidas.

Maria, quedando-se na entrada da vivenda de Barjonas, viu o reflexo das estrelas nos olhos e cabelos daquele homem incomum. Sua voz, murmurando algumas palavras, penetrou-lhe qual espada afiada na alma aflita, promovendo a cirurgia profunda no espírito enfermo:

— Maria! Como eu esperei por ti.

— Raboni! — respondeu-lhe a mulher, cujos olhos fixos no infinito, que se estampou no olhar daquele homem, pareciam mergulhar na eternidade.

O encontro da Terra e do céu fez com que as algemas do passado fossem rompidas, e a transformação das sombras em divinas claridades ficou para sempre registrada na luz astral, imaterial, que percorre o universo, atestando o poder do amor imensurável do Mestre.

Após breve diálogo, pois as grandes almas não têm necessidade de palavras complicadas, Maria retorna a Magdala, desfaz-se de seu palacete e doa suas jóias e seus bens aos miseráveis do caminho. Retorna à Galiléia e volta aos caminhos de Cafarnaum, procurando seguir as pegadas do rabi pelos recantos do mundo. Por onde quer que Ele andasse, uma sombra silenciosa de mulher o seguia, e após um a um de seus discípulos o abandonarem entre a chibata do verdugo e a revolta do mundo, ela, Maria de Magdala, se transforma na mensageira da ressurreição, a emissária divina para a boa-nova do reino do amor, que se estabelecia na Terra.

Quando o Rabi e senhor dos mundos retorna às estrelas, prossegue Maria, mãe Maria, amparando e servindo, entre os portadores de moléstia física e contagiosa, deixando desabrochar em sua face as marcas do amor, transubstanciando sua alma dia a dia num anjo de luz que abre suas asas sobre o panorama dos sofrimentos humanos.

Os séculos passam, e os homens, esquecidos da simplicidade dos ensinos do Mestre, registram novamente a presença da mensageira da ternura, que se materializa na terra de Ávila, trazendo ao mundo o exemplo ímpar de sua alma experiente. Teresa d'Ávila se faz portadora da mensagem de Jesus e da caridade e ternura de seu espírito para os pobrezinhos daquela época.

Uma vez mais os tempos se renovam. O mundo conhece guerras e clamores, e as almas sofridas pranteiam, perdidas e necessitadas dos bafejos dos céus. Jesus convoca sua mensageira celeste, e, respondendo ao chamado do coração, Maria de Magdala, mais tarde Teresa d'Ávila, materializa-se no mundo entre os tempos difíceis que antecedem o novo milênio como Teresa de Calcutá, Teresa dos pobres, Teresa de todos nós.

Levando a mensagem de esperança e ressurreição aos filhos do desterro, a mensageira da esperança e da boa-nova honra o chamado divino e traz luz à Terra, deixando seu rastro de estrelas nas pegadas que marcaram para sempre a história do mundo.

Hoje entre as estrelas, brilhando entre as constelações, sua alma retempera-se na presença do rabi da Galiléia, a fim de retornar novamente à Terra, auxiliando no estabelecimento definitivo do reino do espírito na nova era que marca o surto evolutivo do planeta.

Maria de Magdala, Teresa d'Ávila, Teresa de Calcutá, dos pobres, o lápis de Deus, vive entre as estrelas, deixando as marcas de sua luz, que clareia os corações sofridos, marcando para sempre a senda da ressurreição, que alegra os destinos dos homens.

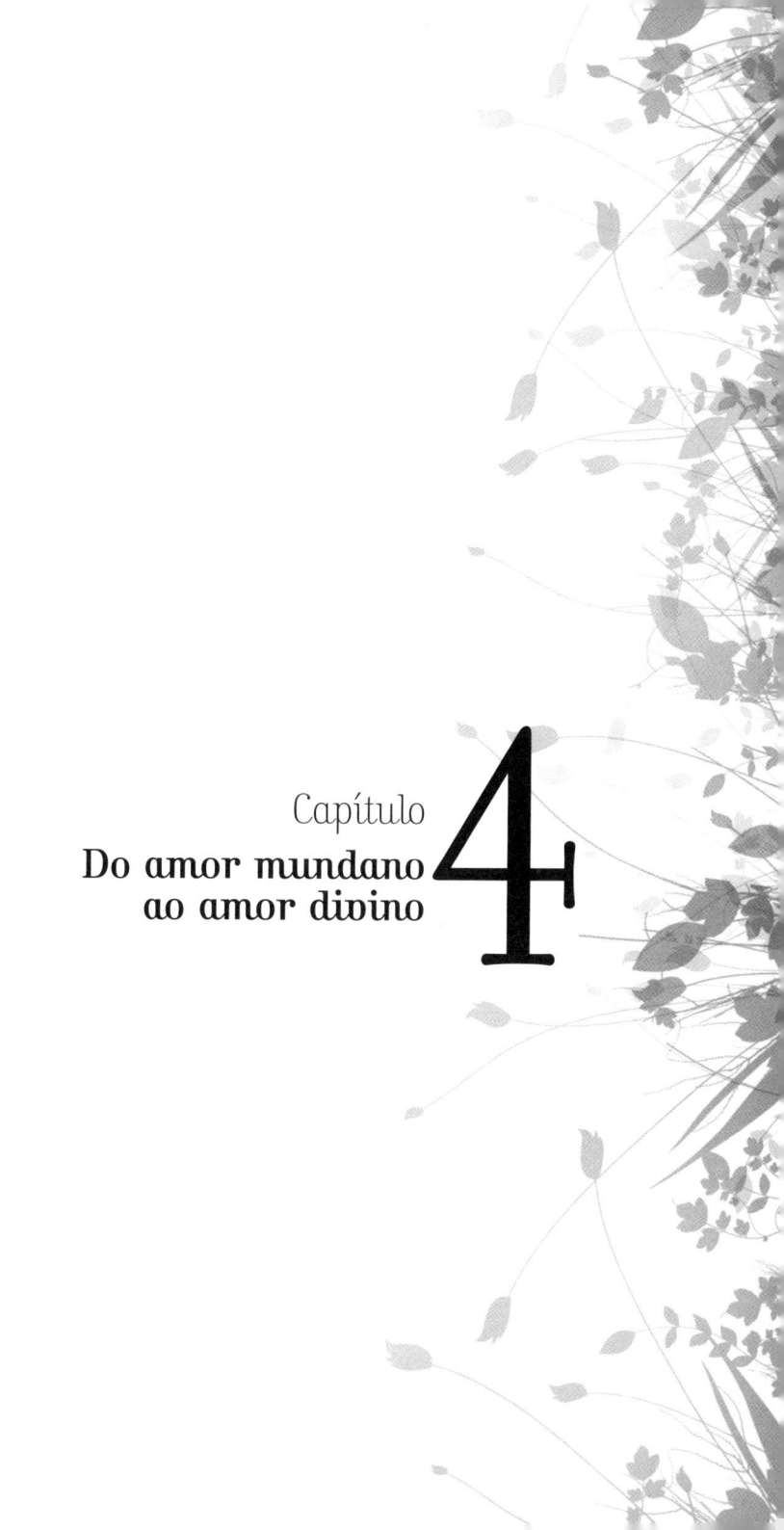

Capítulo **4**

Do amor mundano ao amor divino

Por isso te digo *que os seus muitos pecados lhe são perdoados, pois muito amou.*

_____

Lucas 7:47

Maria Madalena e Maria, mãe de José, viram onde o puseram. Passado o sábado, Maria Madalena, Maria, mãe de Tiago, e Salomé compraram aromas para irem ungir o corpo de Jesus. Muito cedo, no primeiro dia da semana, logo depois do nascer do sol, foram ao sepulcro. Diziam umas às outras: Quem removerá a pedra da entrada do sepulcro? Mas, olhando, viram que a pedra, que era muito grande, já estava revolvida. (...) Tremendo e assombradas, as mulheres saíram, e fugiram do sepulcro. Nada disseram a ninguém, porque temiam. Tendo Jesus ressurgido no primeiro dia da semana, apareceu primeiro a Maria Madalena, da qual tinha expulsado sete demônios. Partindo ela, anunciou-o àqueles que tinham estado com ele, os quais estavam tristes, e choravam. Quando ouviram que Jesus vivia, e que tinha sido visto por ela, não acreditaram.

Marcos 15:47; 16:1-4, 8-11

Era tarde. A luz do sol cedia lugar
às sombras que se avizinhavam, formando o pano
de fundo para o brilho diamantino das estrelas.

Longe, o palacete de Magdala preparava-se
para mais uma noite em que o reinado do prazer e
da sensualidade substituiria a paz das consciências. Era também a noite dos sentimentos em que
o manto negro das paixões desgovernadas cobria as
manifestações do amor verdadeiro que há dentro de
todos os seres humanos.

Maria, a anfitriã da festa dos desejos, envolta em
sua indumentária da mais pura seda, em cores que
iam do púrpura ao escarlate, ainda adormecia em
seu tálamo, aguardando a hora em que seus convidados adentrassem os umbrais do palácio. Aguardava a hora da festa de orgias, quando pretendia
embriagar seus sentidos, deixando-se nos braços
dos homens de então.

Todos os grandes e importantes daquela geração
procuravam com assiduidade a diversão do palacete
de Magdala. Como nenhuma outra estância naquela

região, a casa de Maria reunia o luxo, o requinte, a luxúria; de maneira singular, a perdição repentinamente revestia-se de um sabor picante, e um colorido especial fazia brilhar as festas com quantas moedas de ouro fossem necessárias. Aguçavam-se os sentidos, e embriagavam-se aqueles homens à procura da ilusão. Buscavam o amor mascarado de prazer.

Toda busca reflete os anseios da alma humana. Toda procura pelo prazer reflete o descontentamento consigo mesmo, pois é uma busca sobretudo pela felicidade. Não importam os meios, por mais equivocados que sejam. O homem busca sempre a felicidade, ainda que seja à semelhança do verme, que, rastejando nas entranhas do solo, sonha com as manifestações da luz.

Sucumbir ao prazer que embriaga temporariamente os sentidos representa a ânsia por algo indefinível que proporcione felicidade. É o homem em busca de Deus, da paz e do amor verdadeiro. Porém, durante a noite da alma e seu delírio, em que sucede parte de tal busca irremediável, o ser experimenta as tortuosidades do caminho, até que encontre as estradas de Deus.

Maria de Magdala, adormecida em seu leito de prazeres, presa de sua própria noite consciencial, sonhava. Eis que ao longe, nas cercanias da Judéia, às margens do Jordão, entre as belezas da natureza que eram nimbadas de luz solar, alguém se movia com graciosidade. Com seu sonho de mulher, procurou visualizar um homem diferente daqueles que lhe procuravam o corpo para beber do prazer enganoso. Mas a figura masculina do seu sonho esgueirava-se por entre as árvores e jardins; avistava-se somente uma sombra, um vulto que deixava após si um rastro de estranha luminosidade, empalidecendo os reflexos do sol nas ramagens das árvores ou nas pétalas das flores. O sonho prosseguia, e, em determinado momento, Maria caiu em si. Deu-se conta de que era aquilo que esperava em seus anseios e noites maldormidas, acompanhadas da angústia que povoava sua cama vazia após a saciedade de todos. Descobrira enfim: aquele era o fruto de seus clamores, era o fim de seus desejos.

Aquele homem mágico virou-se então para ela.

Sua expressão era suave como a viração do dia, e seu olhar era como as estrelas, quais esferas diamantinas a brilhar na escuridão — a escuridão da alma humana. A suavidade de seu olhar conquistou o coração de Maria, e, desde então, aquele amor não amado e não consumado que sentia por aquele homem desconhecido passou a povoar as noites e os sonhos da senhora de Magdala.

Acordando do torpor dos sentidos, Maria chamou as serviçais, ordenando que cessassem imediatamente os preparativos e dispensassem os convidados da noite. Angústia indefinível agora dominava sua alma inquieta. Não pôde mais esquecer aquele olhar pelo qual se apaixonara perdidamente. Não era paixão parecida com aquela que sentia pelos amantes mais corteses que a procuravam. Mas também aquele ser nimbado de luz não se assemelhava em nada aos homens que lhe devoravam os lençóis. Ele era definitivamente diferente e inspirava-lhe algo inusitado, que não saberia pôr em palavras.

Sem compreensão clara acerca da decisão da senhora, as serviçais cumpriram suas ordens e dispensaram os convidados, que a esta hora já se aproximavam do palacete de Magdala. Com o transcorrer do tempo e a ausência do fausto e das festanças costumeiras, inquietaram-se as criadas, a imaginar o que se passava com sua senhora. Não mais saía de seus aposentos; permanecia soturna e cabisbaixa, imersa em seus próprios pensamentos. Palavra não articulavam seus lábios; dia após dia encontrava-se triste e angustiada. Talvez saudosa — quem sabe? Por certo já não tinha a alegria e o viço de outrora.

Muitas vezes o anseio do ser humano pelas coisas mundanas e materiais leva-o à saciedade, quando experimenta a visão epicurista do mundo. Contudo, ao deparar com algo que transcende os seus sentidos e as suas experiências de homem comum, isso o incomoda de tal maneira que alguma coisa passa a mover-se em seu interior. É o gérmen da consciência espiritual que, ante o choque das vibrações, ameaça despertar, tal qual a semente, que, lançada no seio da terra, ameaça romper-se no momento propício, dando início ao desenvolvimento da minúscula planta que mais tarde se transformará em frondoso carvalho. É o lírio que rompe pouco a pouco o claustro dos pântanos e projeta-se em direção ao sol, perfumando a vida.

Maria recolhera-se a si mesma, em profunda meditação. Não mais encontrava satisfação nos prazeres da libido ou em companhia dos homens que negociavam o seu corpo feito sal ou ungüento precioso. De repente, sentia-se deslocada, com repugnância por aquela vida à qual já não mais pertencia. Ansiava por aquele outro homem. Alimentava a esperança de que, de alguma forma não mais misteriosa do que o modo pelo qual invadiu e transformou seu coração, aquele homem viesse a ela. Necessitava de um outro amor, que rasgasse o véu negro de sua vida oca e de suas noites vazias, que tecesse o manto de um novo dia e que mostrasse a ela a beleza perdida de viver.

Certo dia, debruçada sobre o peitoral da janela de seu palacete, ouviu duas aias conversarem com um estranho ancião, que estava de passagem. Falavam de algo ou alguém. Tentavam falar baixo, mas Maria, após alguns instantes de concentração, conseguiu ouvi-los com alguma nitidez. Diziam a respeito de certo jovem que passava pelas cercanias de Cafarnaum e por Tiberíades, na Galiléia. Era alguém especial, um homem diferente, afirmava o viajante. Referiam-se a ele de tal maneira que despertaram a atenção da senhora de Magdala. Algo moveu-se em seu interior. O coração batia forte ao ouvir falar do estranho galileu. Era como se soasse em si o sino da vida, que precisava prosseguir. Pegou-se a contemplar duas solitárias lágrimas que escorriam de seus olhos.

Sem deter-se em cogitações íntimas, Maria desce a escadaria do palacete e ordena às aias que trouxessem o ancião a sua presença. Demandou-lhe imediatamente mais informações acerca do galileu, o estranho rabi sobre o qual comentavam. O velho judeu falou-lhe por horas seguidas a respeito dos feitos daquele homem. Da maneira incomum como se portava ou agia, do brilho de seus olhos e da suavidade de sua voz. Maria agora era arrebatada pelas lembranças de seus sonhos. À medida que o senhor o descrevia e contava suas histórias, tinha mais e mais a certeza de que aquele era o homem por cuja imagem era perseguida noite após noite e na presença do qual esperava encontrar o amor que um dia a seduziu apenas com o brilho de um olhar.

Combinou com Mnair, aquele velho judeu, que

se lançasse a procurar o rabi e, abastando-o da quantidade apropriada de moedas, ordenou-lhe que lhe comunicasse imediatamente, assim que o tivesse encontrado.

Maria modificou-se ainda mais nos dias que antecederam o seu encontro. Durante a busca e a espera, que lhe pareciam infinitas, perdera o apetite e já não dormia mais, abatendo-se visivelmente. Tornou-se objeto de preocupação de suas serviçais, que a essa altura já julgavam doente a sua senhora.

Passados dias longos e angustiosos, retorna o ancião ao palacete, trazendo a Maria notícias urgentes.

Encontrara o galileu. Ele se dirigia ao lar de um certo Simão, de sobrenome Barjonas, em Cafarnaum. Segundo as informações apuradas, ele lá se demoraria por alguns dias, o que daria a Maria tempo de tomar a estrada e chegar ao lugarejo para onde o homem misterioso rumava.

Sem pestanejar, Maria trocou suas vestes de seda e púrpura pelas vestes simples de suas serviçais, descendo então as escadarias do palácio dos prazeres modificada pela esperança de encontrar e encontrar-se na visão daquele homem que a fascinava.

Deu instruções às suas aias e imediatamente pôs-se a caminho, juntamente com o ancião, que lhe fazia companhia. Disfarçada em trajes simples, procurava a discrição e a modéstia, atributos que jamais lhe haviam sido úteis nas conquistas até aquele momento.

A vida envia-nos sempre seu bilhete, convidando-nos à renovação interior. Adormecidos nas velhas concepções ou na manifestação grosseira dos sentidos, às vezes deixamos de perceber a hora da mudança. Mas quantos despertam da letargia sensorial e procuram dentro do Si encontram as respostas para seus anseios. Dissipam-se as trevas da ignorância ante a luz do conhecimento da verdade e do bem; revela-se o belo que habita o interior e constitui cada ser humano em sua essência. Desperta um novo ser, um novo homem.

Cafarnaum estava repleta de gente que afluía às ruas, seguindo os passos do galileu. Muitos o buscavam tendo em mente que seriam satisfeitos em seus desejos mais mesquinhos e inferiores, pois estavam à procura da saciedade imediata de suas necessidades. Outros o procuravam com o objetivo escuso de tirar proveito da aura de fama e projeção social que o envolvia, explorando a plebe, por vezes crédula e ingênua, com promessas jamais cumpridas, sem hesitar em barganhar com a fé alheia. Havia ainda aqueles que intentavam projetar-se à sombra do rabi, tentando obter da multidão os títulos da glória efêmera, explorando-lhe a presença naquelas cercanias.

Poucos eram os que procuravam o homem da Galiléia conscientes de sua superioridade moral ou da necessidade íntima de abandonar-se sob sua paternal proteção.

Maria, entretanto, apesar de todos, dirigiu-se ao local para onde a multidão convergia. A casa era simples e humilde. O povo se comprimia em torno da singela morada, esperando em silêncio a manifestação do galileu. Estavam orando no interior da vivenda. Era o culto no lar de Simão Barjonas, o homem denominado Pedro nas dissertações evangélicas.

Maria demorou-se, aflita, a alguma distância da porta. Ansiava por aquele momento com todas as forças de sua alma. Não imaginava como se daria seu encontro com o homem da Galiléia. O que será que ele lhe diria? Será que lhe pediria algo em troca de seus sentimentos de mulher? Mas o que sentia, na realidade? Sabia com certeza apenas que os seus sentimentos eram diferentes. Não mais buscava a ilusão dos sentidos ou o torpor da consciência. Estava, aos poucos, despertando da letargia espiritual.

O sol encontrava seu ocaso. Os últimos raios dourados inflamavam a pele morena de Maria, enquanto os umbrais do lar de Cafarnaum eram dardejados pelos reflexos luminosos do astro-rei. Repentinamente um vulto veio em direção ao portal. O coração de Magdala disparou, e sua consciência ameaçou entrar em colapso. A multidão calara-se diante da presença daquele que irradiava amor e empalidecia o brilho dos raios de sol.

Sua figura altiva, porém suave, apresentou-se à turba que o buscava. Mas seu olhar procurava na multidão quem o necessitava. Seus cabelos amendoados refletiam o fulgor do crepúsculo e dos raios de sol, enquanto seu olhar, procurando o de Maria, nela fixou-se por instantes. O silêncio dominava a alma de Magdala. Era o silêncio do espírito, a serenidade indescritível. A paixão que se dissolvia na presença terna do amor.

O rabi, sondando a alma de Maria em profundidade, abriu a boca e melodiou: "Maria, todos os homens te procuram porque te desejam. Eu tão-somente te amo".

Maria ameaçou desfalecer, e foi amparada por alguém da multidão. Pronunciando aquelas palavras, o rabi da Galiléia voltou-se para a multidão e passou a amá-los.

Diante de tal revelação de amor, Maria jamais seria a mesma. A suavidade da voz do galileu e seu doce e terno olhar penetraram nos mais recônditos esconderijos de sua alma. Ela transformou-se, a partir de então, em um astro de espiritualidade que fora tocado pela luz imortal da estrela de primeira grandeza, que é Jesus, e agora refletia essa luz.

De volta para seu palacete, dispensou as aias e distribuiu suas riquezas entre aqueles que antes a serviam. Embora todos a tivessem na conta de alguém que tivesse perdido o juízo, Maria de Magdala procurou desfazer-se das propriedades e do luxo, doando tudo e despindo-se de todos os haveres. Retornou então a Cafarnaum, passou à Galiléia, seguiu para Beréia e nunca mais deixou de seguir a Jesus.

Transformou-se na figura de mulher que seguia os passos e ensinamentos do rabi galileu. Onde quer que o Mestre se apresentasse, aquele vulto de mulher o seguia, pois agora encontrara o homem de sua vida, o homem Jesus. Sucumbira e deixara-se conquistar pelo amor incompreendido. Diluíra inteiramente seu ser na maior manifestação de amor que o mundo jamais conheceu, o amor de Jesus. Afinal, Ele foi aguardado durante séculos, foi cantado em versos, profetizado nas diversas línguas, e todos os povos conheciam algo de sua pessoa. Ele era o desejado de todas as nações. Maria não pôde resistir a tão grande amor e, em apenas um dia, diferente de todos os dias da humanidade, numa manhã de sol do primeiro dia da nova raça que nascia, Maria, a de Magdala, transformou-se na mensageira da ressurreição. Era a Maria da vida, a Maria do amor, a Maria de Jesus.

Capítulo 5

Madalena, a ovelha perdida

Então os discípulos voltaram para casa, mas Maria ficou chorando fora, junto à entrada do sepulcro. Enquanto chorava, abaixou-se para olhar para dentro do sepulcro, e viu dois anjos vestidos de branco, assentados onde estivera o corpo de Jesus, um à cabeceira e outro aos pés.

Os anjos perguntaram: Mulher, por que choras? Ela respondeu: Levaram o meu Senhor, e não sei onde o puseram.

Tendo dito isto, voltou-se e viu Jesus ali em pé, mas não percebeu que era Jesus.

Perguntou-lhe Jesus: Mulher, por que choras? A quem procuras?

Pensando tratar-se do jardineiro, ela respondeu: Senhor, se tu o levaste, dize-me onde o puseste, e eu o irei buscar.

Disse Jesus: Maria!

Ela, voltando-se, disse em hebraico: Raboni! (que quer dizer Mestre).

Disse-lhe Jesus: Não me detenhas, pois ainda não voltei ao Pai. Mas vai ter com meus irmãos, e dize-lhes: Eu volto para meu Pai e vosso Pai, meu Deus e vosso Deus.

Maria Madalena foi e anunciou aos discípulos: Vi o Senhor! E disse que ele lhe falara estas coisas.

João 20:10-18

A mensageira da ressurreição, como ficou conhecida Maria de Magdala, deixou registrada sua história, que somente há bem pouco tempo os cristãos começaram a descobrir na palavra do Evangelho.

Maria representa todos aqueles que têm um comportamento emocional, afetivo e sexual diferente daquele que a maioria considera correto e diz ser normal. Seu estilo de vida chocava, por fugir aos padrões religiosos e morais de seus contemporâneos. Sua conduta, considerada pecaminosa pelos religiosos, era a marca de sua personalidade. O comportamento emocional e sexual que lhe foi atribuído ao longo destes dois mil anos representa todos aqueles que ainda hoje adotam ou têm um comportamento emocional, afetivo e sexual que é classificado pelos moralistas como comportamento alternativo.

Mas a história de Magdala traz luz claríssima sobre as ações ou reações que carecemos aprender, mesmo sendo nós, pretensamente, representantes e apologistas das verdades evangélicas.

Quando Maria foi ao encontro de Jesus em Cafarnaum, ela não se transformou primeiro para depois ir em direção ao Mestre. Também em momento algum lhe foi exigida qualquer mudança em seu comportamento, interpretado e mal-interpretado em todas as épocas.

O Evangelho representa o encontro do Céu e da Terra. O divino e o humano.

Maria de Magdala, simplesmente, foi ao encontro de Jesus, e Ele jamais lhe impôs qualquer exigência de modificação, por entender que cada um tem o momento certo de despertamento. Jesus simplesmente a recebeu, inebriando-a com seu amor e conquistando-lhe para sempre o respeito. No Evangelho, nenhum relato quanto à exigência de mudança; nada que indique a urgência de um comportamento padronizado pela ignorância e os preconceitos humanos.

Maria Madalena, inspirada pelo encontro com Jesus, enriqueceu sua vida com novas experiências espirituais, sem deixar de ser humana. A experiência humana é o maior empreendimento que o espírito eterno tem diante de si. Não é exigido de ninguém que deixe de ser o que é.

Vejamos, por exemplo, a parábola da ovelha perdida, cujo conteúdo é sempre atual. Na linguagem figurada empregada pelo Mestre, a ovelha estava desgarrada, perdida, desamparada. O pastor deixa então as 99 ovelhas no aprisco e vai em busca daquela que se havia desgarrado. Ele a encontra, cura-lhe as feridas, coloca-a em seus ombros, acolhendo-a. Em seguida, ela retorna feliz ao convívio das demais. A parábola não registra condenação por parte do pastor; em instante algum ele questiona a ovelha sobre o porquê de seu comportamento, que difere daquele adotado pelas demais; não encontramos por parte do pastor nenhuma pergunta que denote o realce das diferenças. Ele simplesmente cura suas feridas, deposita-a sobre seus ombros e retorna com a ovelha para o aprisco. Ainda sob a luz do Evangelho, notamos que a experiência de desgarrar-se das demais ovelhas foi necessária, valiosa e, pela reação silenciosa do pastor, valorizada em si mesma.

Maria de Magdala, em sua história de vida, vibrante e repleta de exemplos de grande riqueza, faz-nos refletir a respeito da nossa compreensão daqueles que agem e que têm um comportamento diferente da maioria. E quando falamos em comportamento emocional, afetivo e sexual diferentes, não estamos ajuizando que tal comportamento seja pior ou melhor. Não estamos fazendo apologia nem mesmo realizando julgamentos com conotações moralistas. Detemo-nos apenas a analisar as ações e reações de Jesus quanto às experiências humanas. Respeito, valorização da experiência humana, incentivo discreto ao progresso e às melhoras íntimas, tanto quanto compreensão generosa com relação ao momento evolutivo de cada um.

Ainda assim, o divino enviado encerra sua mensagem a todos nós transformando Maria de Magdala, aquela que se comportava de modo diferente, em mensageira da ressurreição.

Esta mensagem é uma das mais importantes do Evangelho, por isso perpassa todo o seu texto: Jesus não se utiliza de pessoas santas, resolvidas ou que tenham um comportamento emocional, social ou sexual considerando exemplar. Ele tão-somente valoriza o que de bom cada um traz dentro de si.

Maria de Magdala continuou sendo mal-interpretada e rejeitada pelo colégio apostólico, que a recebe cheio de dúvidas e preconceitos. Todavia, assim mesmo, foi ela a escolhida para anunciar a ressurreição. Sua mensagem permanece ainda hoje como desafio ao entendimento do homem e do cristão do século XXI.

O Evangelho é inclusão, convívio com as diferenças e valorização do humano.

Capítulo **6**

A mulher equivocada

MAS JESUS FOI *para o monte das Oliveiras. De manhã cedo apareceu de novo no templo, e todo o povo se reuniu em volta dele, e ele se assentou para os ensinar.*

Os escribas e os fariseus trouxeram a Jesus uma mulher apanhada em adultério. Puseram-na de pé no meio do grupo, e disseram a Jesus: Mestre, esta mulher foi apanhada em adultério. Na lei nos ordenou Moisés que tais mulheres sejam apedrejadas. Ora, o que dizes?

Eles usavam esta pergunta como uma armadilha, para terem de que acusá-lo. Mas Jesus se inclinou e começou a escrever na terra com o dedo.

Como insistissem na pergunta, ele se endireitou e disse: Aquele que dentre vós está sem pecado, seja o primeiro a lhe atirar uma pedra. Inclinando-se novamente, escrevia na terra.

Quando ouviram isto, foram-se retirando um a um, a começar pelos mais velhos, até que ficou só Jesus e a mulher no meio onde estavam.

Jesus endireitou-se, e disse: Mulher, onde estão eles? Ninguém te condenou?

Respondeu ela: Ninguém, Senhor.

Disse Jesus: Nem eu também te condeno. Vai, e não peques mais.

João 8:1-11

Aquela mulher tivera sua adolescência como todas as filhas de Israel. Cheia de vida e esperança no porvir, crescera em meio às festas de seu povo, às brincadeiras de criança e ao estudo discreto dos escritos sagrados dos profetas.

Abrigara em sua alma o desejo de encontrar alguém um dia, uma alma afim, cujos sentimentos pudessem encontrar ressonância com os seus. Por certo que a menina-moça desconhecia as leis da reencarnação, tanto quanto desconhecia seu próprio futuro. Não sabia, em meio a seus anseios de menina-mulher, que deveria enfrentar o seu passado através do reencontro com determinada alma, em companhia da qual deveria aprender a amar.

Seus anseios de mulher encontraram eco no coração de um homem que, embora um tanto mais velho que ela, parecia entender-lhe a alma sensível. Pelo menos assim o demonstrara nos poucos contatos que tiveram.

Inebriada pela presença masculina, entregou-se com extrema sensibilidade àquele que, segundo podia julgar, era o portador de sua felicidade e o depositário de suas esperanças. A união ocorreu, administrada pelo sacerdote do templo, conforme rezavam as leis de seu povo.

Desde os primeiros momentos, após as festas comemorativas, e a seguir, no convívio mais próximo, pôde notar que alguma coisa indefinível parecia nublar o coração do homem que a escolhera. No entanto, a fantasia da paixão impediu que aprofundasse suas observações, deixando transcorrer precioso tempo até que a desejada felicidade começou a se diluir em meio à realidade.

Dia a dia aquele homem exigia-lhe coisas e atitudes que confrontavam seus princípios e sua postura íntima. Entretanto, a insegurança que lhe dominava o ser, tendo em vista as possibilidades que a lei de Moisés descortinava para as mulheres de então, fez com que ela cedesse pouco a pouco.

A angústia se instala definitivamente na alma daquele que abriga em si o desrespeito às convicções íntimas. Trair os próprios ideais, nobres porque fruto de conquista interior, é escolha dolorosa, que em casos extremos provoca o descontentamento com a vida e o esgotamento do ânimo e do entusiasmo.

Embora lentamente, o homem de seus sonhos se transformava em emissário de seus pesadelos.

Ante as dificuldades econômicas que assolavam

a sua terra, as quais lhe pareciam intransponíveis obstáculos, o autor de sua desdita convenceu-a a abrir mão de sua honra. Foi nesse momento de insanidade espiritual que ela pôde descobrir o verdadeiro caráter daquele com quem se unira.

Ela não via outra opção diante das constantes ameaças que o verdugo de sua alma lhe pronunciava. Sentiu-se obrigada a compartilhar seu corpo com aqueles que lhe ofereciam moedas, preciosas para o deleite do homem que a desposara. Sentia-se angustiada e aflita; abatida e desonrada; injustiçada pela vida e impotente diante do jugo que lhe era imposto.

O tempo foi-se passando, e a situação, porque mais e mais aflitiva se lhe afigurava, finalmente tornou-se insuportável. O estilo de vida que se sentia obrigada a levar desfigurava-lhe a aparência, antes suave e bela. As marcas dos tormentos íntimos e daqueles outros sofrimentos a que se submetia, de natureza física, em breve sulcaram sua face, deixando-lhe registrados no corpo e na alma vincos profundos. Seu corpo já não atraía mais os interesses dos mercadores de corpos, exploradores de almas.

O companheiro ao qual ela jurara fidelidade eterna fora ele mesmo o artífice de sua desgraça. Ela se transformara num fantasma de mulher.

A lei de Moisés, que regia as relações sociais da Judéia daqueles tempos, prescrevia penas graves para as mulheres que fossem surpreendidas em flagrante de adultério. Além disso, a mesma lei, imperfeita, liberava o homem dos compromissos assumidos no matrimônio caso a sua companheira fosse flagrada em tal postura equivocada. Baseado nessa realidade legalista, tão comum àquela época, arquitetou-se o plano para que a angustiada mulher fosse exposta à vergonha, já que não se prestava mais aos objetivos inescrupulosos do homem que a desposara.

O calendário sinalizava o final das festas dos tabernáculos, também chamadas de festas das tendas. Por esse motivo, Jerusalém regurgitava de gente — era, portanto, o momento ideal para expor a mulher à vergonha e aos rigores da lei. Também naqueles dias algo mais ocorria, que talvez pudesse contribuir para a desdita da mulher. É que, segundo comentavam muitos, o Messias Nazareno estava, com seus discípulos, presente na capital espiritual da Judéia. Escribas e fariseus, sacerdotes e oficiais romanos se reuniam naquele dia na tentativa de obstruir os planos do Messias e mestre dos desvalidos. Expor a mulher duplamente, aos rigores dos sacerdotes e ao julgamento do pretenso Messias, talvez fosse a situação ideal que aquele homem esperava para, ao mesmo tempo, se ver livre do compromisso do casamento e cair nas graças dos fariseus.

A mulher foi arrastada entre a multidão, segurada pelos cabelos por aquele que aprendera a amar:

— Adúltera! — gritavam e esbravejavam todos, ameaçando a infeliz com tamanha ferocidade que a obrigava à exposição pública sem o direito de responder às acusações.

Jogada aos pés do Mestre, ante o olhar irônico dos escribas e fariseus, a mulher infeliz sentia que o fim estava próximo. Em casos como esse, a lei determinava que a adúltera fosse *lapidada*, isto é, apedrejada até que o dilaceramento da pele lhe causasse a morte. A fúria da multidão e a arrogância dos escribas, fariseus e sacerdotes faziam com que aquela alma estremecesse, agitada intimamente, verdadeiramente desesperada ante a perspectiva de sofrimento tão hediondo.

Foi nesse exato instante que um dos intérpretes da lei, com o objetivo de testar a fidelidade de Jesus ao que escrevera Moisés, decidiu expor o nazareno à multidão:

— Determina a lei que toda mulher flagrada em adultério deve ser apedrejada. E tu, que se diz Mestre, o que recomendas?

A artimanha dos adversários de Jesus atingira o ápice. Caso o Mestre liberasse a mulher, estaria frontalmente contra a lei de Moisés e, assim, seria Ele a vítima da multidão. No entanto, se se posicionasse a favor da lei, permitindo que a mulher fosse apedrejada, entraria em profunda contradição com seus próprios ensinamentos, os quais recomendavam o perdão. Seus adversários esperavam que nesse momento ele fraquejasse de uma forma ou de outra, e, então, seriam eles vitoriosos contra a causa do Evangelho.

Conhecendo-lhes a intimidade dos pensamentos, Jesus curva-se diante da mulher. Ensaia escrever, na poeira da rua, algumas palavras. Novamente, um dos adversários incita-lhe:

— E tu, *mestre* — enfatiza o título com ironia —, o que dizes?

Levantando o olhar, que cruza com os olhos da mulher, ele declara:

— Aquele entre vós que estiver sem pecado, que atire a primeira pedra.

Curvado, ele prossegue escrevendo no chão. Um a um, escribas e fariseus se aproximam para ler o que ele escrevia. Ali, grafada na poeira, estava escrita a lista de erros pessoais daqueles que queriam apedrejar a mulher.

Lentamente, a multidão dispersou-se. Sacerdotes, fariseus, escribas e também o homem, trespassado — agora, pelo remorso —, se afastaram paulatinamente.

Em instantes, permaneciam apenas Jesus e a mulher.

Esta ergue seu olhar lentamente, cheio de lágrimas, enfrentando, com as últimas reservas da alma, o olhar do Mestre. O medo estava estampado em sua face.

— Onde estão aqueles que te condenavam?

— Eles se foram, Senhor... — balbuciou a infeliz criatura, que se sentia assim, como se fosse a última filha de Eva.

Após a troca de olhares, o encontro com o divino, a mulher pressente que jamais será a mesma.

— Eu não te condeno! — falou Jesus.

— Senhor... — esboçou a mulher, deixando-se derreter em lágrimas. — Eu não queria...

— Não te expliques, mulher. Não há por que te explicares. A ti é dada a oportunidade de reconstrução, de amar e de prosseguir.

— Mas, Senhor...

— Não te desgastes, minha filha — o Mestre se adianta novamente. — Vá, aprende com a vida a lição divina e reconstrói tuas experiências e esperanças sob o signo do amor imortal. Não existe erro que se justifique, mas também não há mal para o qual não haja reparação. Ama, ama com as forças que lhe restam na alma, e ninguém te condenará.

Aquele momento ficou para sempre registrado na luz eterna. Um marco na trajetória de uma alma; um farol para os futuros seguidores da Boa-Nova.

O tempo se passou sobre aqueles eventos, e eis

que, anos depois, em uma cidade distante da Grécia, uma casa se ergue. Uma choupana no caminho, administrada por uma mulher transformada e renovada pelo amor. Ali, sob sua tutela, os viajores encontravam repouso para a sua jornada difícil, crianças eram amparadas e velhos socorridos em nome do amor.

À noite, reunidos em torno da madona que os tutelava, ouviam a história de um grande amor; embevecidos, recebiam o néctar do Evangelho e entendiam a proposta do Mestre, expressa na história daquela que foi imortalizada nas páginas do Evangelho como uma alma equivocada, mas ressurreta pelo amor, que tudo envolve e abençoa.

Eis que o tempo, divino professor, reserva surpresas aos apreciadores dos caminhos humanos.

Certo dia, o sol ainda brilhando no horizonte, quando caía a tarde naquelas paragens gregas, mais uma alma errante bate à porta daquela que se tornara mãe de quantos necessitados a procuravam. Confiante nas possibilidades que o Alto encaminha àquele que tem coração e põe seu amor e seus recursos a serviço do próximo, a madona, ora marcada pelo brilho que o Mestre deixara em seus olhos, recebe à entrada mais aquele viajor. Os sulcos em sua face, adquiridos outrora, eram agora as marcas do Cristo.

— A paz seja contigo! — a mulher saúda aquele homem encolhido que se apresentava no caminho.

Travestido pela lepra, o homem agonizava em seus últimos tempos, no limiar de suas forças, e mais parecia arrastar-se do que caminhar. Cada passo e cada movimento lhe eram penosos. Cabeça baixa pela corcunda e pelo esforço que o deslocamento até aquele abrigo lhe havia exigido, ele finalmente ergue os olhos na direção daquela voz que o recebia. Balbucia palavras de difícil compreensão e é imediatamente acolhido pela generosa senhora.

Em seus últimos dias, o homem infeliz, deprimido e corroído pelo arrependimento, lamentava-se com aquela que lhe fazia companhia no leito de morte. Palavras saíam com esforço de sua boca e relatavam a história de uma mulher que esse homem possuíra um dia, a qual não soubera estimar. Esta, a causa de seu remorso, de sua amargura.

— Ah! Se um dia pudesse apenas encontrá-la, uma vez sequer, para dizer-lhe quanto errei, quanto sofro com a lembrança recorrente daqueles dias na Judéia...

Uma lágrima de comoção genuína escorria pela face daquela que, agora, ouvia a história de seu protegido, envolto em prantos e lamentos. Lágrima de reconhecimento da sabedoria do Pai, lágrima de gratidão, expressão de sensibilidade pela dor alheia. Lágrima de amor.

Aquele homem jamais a reconheceria, até os dias

de sua morte. Ela, contudo, identificara-o desde o dia em que se apresentou à porta de sua choupana. Era o homem que fora a desdita de sua juventude. Acolhia agora, sob seu teto, o próprio ex-marido. Aquele que, um dia, jogara-a aos pés do Mestre de Nazaré e lhe dera a conhecer o amor, o amor que veio à Terra.

Capítulo 7

A mulher hemorroíssa: a dama da fé

GRANDE MULTIDÃO *o seguia, comprimindo-o. Certa mulher, que havia doze anos tinha uma hemorragia, e que havia padecido muito à mão de vários médicos, e despendido tudo o que tinha, sem contudo nada aproveitar, pelo contrário, indo a pior, ouvindo falar de Jesus, veio por detrás, entre a multidão, e tocou na sua veste.*

Dizia ela: Se tão-somente tocar nas suas vestes, sararei. Imediatamente se lhe estancou a hemorragia, e sentiu no seu corpo estar curada do flagelo.

Jesus, conhecendo que de si mesmo saíra poder, voltou-se na multidão, e perguntou: Quem tocou nas minhas vestes?

Responderam-lhe os discípulos: Vês que a multidão te aperta, e dizes: Quem me tocou?

Porém ele olhava em redor, para ver a que isto fizera. Então a mulher, que sabia o que lhe tinha acontecido, temendo e tremendo, aproximou-se, prostrou-se diante dele, e declarou-lhe toda a verdade. Ele lhe disse: Filha, a tua fé te salvou. Vai em paz, e sê curada deste teu mal.

Marcos 5:24-34

Sua história foi uma história de

sofrimento e de provações. Desde a adolescência, acostumou-se com as dores freqüentes que sentia e os incômodos de sua saúde frágil.

Sob a tutela de abnegada dama, ela soube enfrentar valorosamente a falta da mãe, que perdera a vida anos atrás, deixando-a órfã. O pai, homem trabalhador e honesto, dedicava-se ao seu ofício, provendo assim o sustento para o lar. Após o luto e a viuvez, contraíra novas núpcias, e a filha fora adotada pela madrasta como se fora fruto de seu próprio ventre.

Desde cedo aquela jovem aprendeu o manejo do tear, fabricando belas peças de fazenda. Do linho puro, tecia mantos formosos, que vendia para auxiliar a família quanto pudesse.

Em determinada ocasião, o pai terminou por perder a vida, dando assim vitória à doença que o consumiu durante longo período. Restava-lhe agora somente as bênçãos de um casamento, que desejava fosse feliz.

Donzela, viu seus sonhos se esvaírem quando a

saúde tornou-se-lhe mais delicada. Estranha hemorragia se manifestou, requerendo maiores cuidados por parte dela e da madrasta. Não podia mais trabalhar como antes, o que comprometeu severamente o orçamento doméstico. Viram-se então obrigadas a racionar os alimentos e se adaptar a uma vida ainda mais austera do que o cotidiano simples e despojado de requintes que já conheciam. Os tempos eram difíceis, e a falta de uma presença masculina, paternal, tornava as coisas bastante delicadas, em especial na sociedade machista e patriarcal em que viviam. A jovem moça era obrigada a sacrifícios extremos.

A estranha hemorragia transformou-se também em motivo de angústia, de pesar. De acordo com as leis religiosas vigentes, que pautavam toda a convivência social, a mulher com fluxo menstrual era tida como imunda. O homem era proibido até mesmo de tocar qualquer mulher em tais condições. No caso daquela jovem, a situação era ainda mais grave, pois seu fluxo de sangue era ininterrupto. O tempo havia transcorrido vagarosamente, e o sangue lhe fluía mais constante, acompanhado de dor.

O ser humano, por natureza, teme o desconhecido. Num misto de fascinação que encanta e horror que amedronta, o desconhecido geralmente expõe a fragilidade dos conceitos humanos. Distante ou sem conexão estreita com as leis divinas, apavora-o a possibilidade de entrar em contato com o que lhe demova a aparente segurança e o faça confrontar-se com a realidade nua das verdades espirituais. A simples menção da incógnita assusta, causa temor, pavor e, dependendo do nível de desequilíbrio íntimo, pânico. Reações de violência e brutalidade são esperadas por parte do ser na infância do espírito. Advêm daí as atitudes de preconceito, discriminação e segregação, como se, banindo o desconhecido ou o diferente, o homem pudesse eximir-se dele. Vítimas das mais diversas enfermidades físicas ou psíquicas, nas mais variadas épocas e culturas, experimentaram a rejeição e o repúdio social e enfrentaram a reclusão em inúmeras circunstâncias.

Por interferência de amigos, a jovem hemorroíssa procurou por longo tempo os facultativos da época, não logrando resultados. Médicos foram consultados, porém a ciência ou a sabedoria de seu tempo não detinha condições de solucionar esse mal.

Andou a companheira desafortunada por várias cidades e vilas: se houvesse a informação da presença de algum médico ou curandeiro aqui ou ali, onde quer que fosse, lá estava a jovem. Tudo em vão. Os anos passaram, e as tentativas frustradas de socorro e tratamento esgotaram o viço de sua juventude, restando-lhe apenas a opção da convivência pacífica com a enfermidade e o seu resguardo na fé viva que alimentava dentro do peito.

Mesmo ante tantos fracassos na tentativa de curar-se, não desanimava. Sua vida transformara-se num exemplo de perseverança e fé viva. Ainda abatida, a mulher não se entregava à enfermidade nem deixava de trabalhar para seu sustento. Passou pela vida com o desejo mal contido de ser mãe. Seus sonhos de menina-moça e, agora, de mulher não poderiam ainda ser realizados. A hemorragia persistia por longos anos, como a esgotar-lhe lentamente as forças vitais, provando-lhe a resistência espiritual. Diante da provação dolorosa, respondia como podia com a sua dedicação ao trabalho e, agora, com o cuidado extremado com a sua segunda mãe, para a qual soavam os lamentos próprios do inverno da existência.

Não desistiria jamais. Lutaria quanto pudesse; faria a sua parte. Embora por tantos e longos anos não encontrasse cura através da medicina humana, alimentava a idéia de que Deus colocaria diante dela o facultativo de que necessitasse para debelar o seu mal.

O exemplo é de persistência, de perseverança, de esperança. Quando muitos se entregavam ao desespero e ao desânimo, diante das moléstias consideradas incuráveis, ela, mesmo ciente das dificuldades da época, insistia na procura pela solução para os seus males. Desejava ardentemente a superação de si mesma e de seus próprios limites. Não se entregou à depressão ou ao azedume. Trabalhou.

Talvez, desconhecedora ainda de certas leis da vida, da reencarnação, não atinava com a origem distante de seus males. Quem sabe num passado distante não atentara contra a vida própria ou a alheia, na tentativa de aborto ou no desprezo pela vida?

São tantas as possibilidades que não convém, na hora da dor, procurar pelos motivos do mal. Isso só trará mais contrariedades. O certo é que esta mulher valorosa transformou sua vida num exemplo dignificante de trabalho e de fé no futuro.

O processo que desencadeou a sua enfermidade, no passado longínquo, perdia importância diante de sua fé num futuro em que sua alma brilharia, graças à fé viva que trazia consigo.

Foi assim que 12 anos se passaram, e aquela sombra de mulher arrastava-se pelas ruas de sua cidade, na qual ficou conhecida como a Dama da Fé.

Ouvira falar de um certo Jesus da Galiléia, filho de José, e que Ele, o galileu, era um profeta, um enviado de Deus.

O ânimo aumentou-lhe, e a fé, de uma simples chama bruxuleante, transformou-se numa claridade imorredoura, ante as novas perspectivas que se abriam diante da existência.

Já não tinha a força da mocidade, e a fraqueza

generalizada dominava seu organismo físico, minando-lhe as derradeiras reservas de vitalidade. Um dos médicos consultados não aconselhava maiores esforços, pois, segundo o conhecimento que detinham, não lhe restava muito tempo de vida.

Como enfrentar a estranha situação? E esse Jesus do qual tanto falavam? Será que não estará nele a sua esperança de melhores dias?

Orou fervorosamente ao Deus de seu país. Confiava que, talvez, somente de ouvir as palavras do rabi encontraria forças para suportar o momento crítico que se avizinhava. Já estava quase desfalecendo.

No entanto, à medida que o corpo fragilizava-se, aumentava-lhe a confiança no futuro e a certeza de que fios invisíveis a conduziam, orientando o seu destino. Andava pensativa pelas ruas quando ouviu um murmúrio que aumentava lentamente. Ao longe avistou uma multidão que se aproximava. O coração palpitava, e parecia que estranha emoção a dominava. Era tarde. A tarde da história sofrida da humanidade.

A dor muitas vezes atua como grande impulso à evolução dos seres. Desejando a felicidade plena, o homem empreende recursos e luta para debelar a dor, alargando os horizontes da consciência.

Aproximava-se cada vez mais a multidão que envolvia o rabi por todos os lados. Num ímpeto de fé, a mulher arroja-se em meio ao povo, tentando abrir passagem para atingir o Mestre. Seu caminho é obstruído, no entanto, pela gente que procurava beneficiar-se com a presença de Jesus. Não conseguia romper o cerco de pessoas que acompanhavam o Senhor. Sua fé, porém, alcançava forças desconhecidas pela multidão. O coração daquele que crê caminha bem mais longe que seus pés.

Novo impulso empreende a mulher hemorroíssa rumo a seu objetivo. "Não sou merecedora de seu olhar" — pensava ela. "Contudo, sei que dele emana poder, força curadora." Neste momento a aura do Mestre expande-se, e seu pensamento entra em sintonia com o pensamento da mulher enferma. Ele continua seus passos sem ignorar-lhe as necessidades.

Ela aproxima-se cansada, aflita, cheia de esperanças e movida por intensa fé. Num dado momento, a multidão dá-lhe passagem, e ela tenta a todo custo chegar até o profeta galileu.

Apenas um minuto a separa de seu objetivo. A hemorragia, neste exato instante, parecia aumentar em intensidade; esvaindo-se em sangue, ela se lança em direção ao Mestre, ajuntando todo o resto das forças que possuía num esforço hercúleo. Consegue apenas tocar-lhe as vestes.

É o suficiente. Imediatamente a virtude do Senhor é canalizada até ela, e uma onda de vitalidade percorre-lhe o ser.

O magnetismo divino reestrutura órgãos e células e reequilibra corpo e alma da atormentada criatura. Ela pára por um momento, pensativa. Apenas por um momento. Volta para dentro de si e faz silêncio em sua alma.

O Mestre, detendo seus passos, confabula com os seguidores mais próximos:

— Sinto que alguém me tocou.

— Mas, Senhor, são tantos os que o tocam em meio a esta multidão... — respondem os discípulos, sem compreender as palavras do Mestre.

— Sim, mas alguém tocou-me de modo especial. Sinto que de mim saiu virtude.

Jesus, voltando-se para a mulher, dirige a ela seu olhar.

Neste momento parece haver se realizado o casamento do Céu com a Terra. Ninguém resiste ao doce e meigo olhar de Jesus.

Naquele olhar, o Nazareno devassa-lhe a alma e esquadrinha-lhe o coração. É a hora da verdade. A verdade que jamais poderia ser declarada; em vez disso, vivida.

"Mulher, a tua fé te salvou!" — são as palavras pronunciadas pelo Senhor.

Aquele fora o momento da redenção para aquela alma valorosa. Sua vida ilibada, sua fé ardorosa e sua conformação com a vontade do Eterno a faziam merecedora das bênçãos divinas. Onde a medicina humana falhara, porque limitada, manifestava todo o seu poder a ciência divina, e o embaixador das estrelas, o divino médico das almas, mostrava-se soberano aos problemas humanos. A hemorragia cedera ante a atuação do amor. A prova da mulher cessara, e ali, no encontro com Jesus, iniciara uma nova etapa para aquela alma que provara a sua fé, cheia de esperança, na fonte divina de todo o bem. Era a vitória da luz.

O tempo escoou-se vagarosamente. O cenário agora era uma pequena cidade, uma aldeia dos samaritanos. Via-se de longe um burburinho, algumas pessoas que envolviam uma figura singela de uma madona. O lugar, um pequeno albergue erguido à beira de um riacho, com pequeno campo de flores que vicejavam formosas, como expressão da bondade soberana.

A mulher valorosa fundara um abrigo que amparasse os órfãos de qualquer procedência. Em nome do amor, ela ministrava os conceitos de vida e luz para aquelas almas em provação. O encontro com Jesus, anos antes, transformara sua vida de tal maneira que a força do amor contida em seu ser explodiu em obras de caridade e benemerência, por onde quer que passasse.

Ninguém permanece o mesmo depois de encontrar-se com Jesus. Todos que ali passavam, moços, velhos e crianças, encontravam sempre um prato de sopa e uma réstia de pão para aplacar a fome. Ensinando as donzelas a manejar o tear, provia recursos para a manutenção do lar dos necessitados. Ali, à sombra de formosa árvore, ouviam da boca da nobre senhora a velha e feliz história de um homem chamado Jesus.

Persistência

Nos tempos recuados da Palestina, quando a soldadesca romana pisava a Judéia, estendendo seus estandartes com as águias do divino império, as dificuldades e as dores eram semelhantes às de hoje.

Ao encontrar-se com Jesus, a mulher hemorroíssa havia passado por anos de lutas e dificuldades, que foram úteis como instrumento de crescimento íntimo. A persistência do seu espírito em provação ficou para sempre registrada nas páginas do Evangelho. Embora as dores e o sofrimento que a acometiam, a mulher com o fluxo de sangue abundante não desistiu de procurar o socorro para sanar as suas dificuldades.

Entendendo a enfermidade como desafio para as forças de sua alma, continuou trabalhando, servindo e amando, superando a própria dor na entrega íntima total, até o ponto culminante, no encontro com o Mestre.

Mesmo assim, decidida quanto ao encontro com o médico divino, houve a dificuldade em desafiar tanto os costumes da época como os próprios seguidores mais próximos de Jesus, portadores de imenso preconceito. Arrojando-se aos pés do Mestre com o último fôlego que lhe restava na alma combalida, movimenta por si mesma os recursos terapêuticos à disposição no universo.

O empenho, a coragem de prosseguir e a persistência na busca da cura formaram a fortaleza que a preparou para o futuro, quando abraçaria um trabalho que marcaria por anos a história de muitos de sua época. Vidas como a desta mulher, inspiradas pelos valores do espírito, foram imortalizadas a fim de atuarem como exemplo para a posteridade, de tal forma que, diante dos obstáculos e desafios, continuemos, nós mesmos, na certeza da vitória.

Capítulo **8**

A mulher samaritana:
o cântaro vazio

Estava ali a fonte de Jacó, e Jesus, cansado da viagem, assentou-se junto à fonte. Era quase a hora sexta. Vindo uma mulher samaritana tirar água, Jesus lhe disse: Dá-me de beber. (Seus discípulos tinham ido à cidade comprar comida.)

Disse-lhe a mulher samaritana: Como, sendo tu judeu, me pedes de beber a mim, que sou mulher samaritana? (Pois os judeus não se dão com os samaritanos.)

Respondeu-lhe Jesus: Se conheceras o dom de Deus, e quem é o que te pede: Dá-me de beber, tu lhe pedirias, e ele te daria água viva.

Disse-lhe a mulher: Senhor, tu não tens com que tirá-la, e o poço é fundo. Onde tens a água viva? És tu maior do que o nosso pai Jacó, que nos deu o poço, do qual ele próprio bebeu e, bem assim, os seus filhos e o seu gado?

Respondeu Jesus: Todo aquele que beber desta água tornará a ter sede, mas aquele que beber da água que eu lhe der nunca mais terá sede. Deveras, a água que eu lhe der se fará nele uma fonte de água que jorre para a vida eterna.

Disse-lhe a mulher: Senhor, dá-me dessa água para que eu não mais tenha sede, nem precise vir aqui tirá-la.

Disse-lhe Jesus: Vai, chama o teu marido, e vem cá.

Respondeu ela: Não tenho marido.

Disse-lhe Jesus: Tens razão em dizer que não tens marido, pois já tiveste cinco maridos, e o que agora tens não é teu marido. Isto disseste com verdade.

Disse-lhe a mulher: Senhor, vejo que és profeta. Nossos pais adoraram neste monte, mas vós, os judeus, dizeis que é em Jerusalém o lugar onde se deve adorar.

Disse-lhe Jesus: Mulher, crê-me, a hora vem em que nem neste monte nem em Jerusalém adorareis o Pai. Vós, os samaritanos, adorais o que não conheceis; nós adoramos o que conhecemos, pois a salvação vem dos judeus. Mas vem a hora, e já chegou, em que os verdadeiros adoradores adorarão o Pai em espírito e em verdade, pois o Pai procura a tais que assim o adorem. Deus é espírito, e importa que os que o adoram o adorem em espírito e em verdade.

Disse-lhe a mulher: Eu sei que o Messias (chamado Cristo) vem. Quando ele vier, nos explicará tudo.

Disse-lhe Jesus: Eu o sou, eu que falo contigo.

Nesta altura chegaram os seus discípulos, e maravilharam-se de encontrá-lo falando com uma mulher. Mas nenhum deles perguntou: Que queres? ou: Por que falas com ela?

Então, deixando o seu cântaro, a mulher foi à cidade e disse ao povo: Vinde, vede um homem que me disse tudo o que tenho feito. Poderia ser este o Cristo? Saíram da cidade e foram ter com ele.

João 4:6-30

Ouvia-se um estranho canto no ar. A sua voz era semelhante à voz das filhas de Sião. Melodiosa, suave, terna. A música cantada mais parecia o sussurro das almas sofridas ante os problemas de qualquer procedência. Parecia um lamento, acompanhado pelos gorjeios dos pássaros, que, naquele dia, pareciam festejar a vida, esvoaçando e fazendo coro com a voz da mulher, que ousava pensar na felicidade.

Não se pode dizer que a vida naqueles campos era exatamente diferente das experiências de qualquer lugar. Não! Dificuldades e provações fazem parte da morada dos homens, que deverão aprender a temperar suas vidas com a candura e o amor. Poderão amenizar, dessa forma, as provas pelas quais passam.

A mulher, cantando com os pássaros e a natureza, trazia debaixo dos braços um cântaro vazio, para enchê-lo com a água abençoada que jorrava do poço cujo nome fora dado em homenagem ao patriarca Jacó. O cântaro era sinônimo de sua própria experiência, de seu coração.

À medida que cantava, relembrava seu passado recente, suas peripécias pelos caminhos tortuosos da existência. Não era assim tão diferente a história daquela mulher. A música que cantava fazia fundo para as lembranças que lhe queimavam a memória espiritual. Subia o monte das dificuldades.

Buscara desde cedo a felicidade nos braços do amor, porém por caminhos difíceis e sinuosos. Desvirtuava o templo sagrado de seu espírito, dividindo-se, ora aqui, ora ali, com os homens com os quais compartilhava a vida.

Foram muitas as experiências que vivenciara; entretanto, algo de indefinível permanecia dentro dela. Era um vago sentimento de inconformação e de vazio. Sua vida assemelhava-se àquele cântaro vazio, que ela conduzia debaixo dos braços.

Na aldeia de Samaria, ficara conhecida como a mulher de várias faces. É que ela trocava de experiências amorosas com a mesma facilidade com que trocava de roupa. Seus companheiros, após certo tempo, a abandonavam sob vários pretextos, deixando-a entregue à nostalgia de uma vida sem objetivo. Sentia a alma ressequida. Tinha sede. Não a sede de água, que todos tinham. Fartara-se, porém, das experiências mal-sucedidas. Andava em busca de algo que ela mesma não saberia definir. O atual companheiro viera para sua presença deixando uma família constituída, a qual trocara por ela. Isso não era felicidade, pensava ela. De que lhe adiantaria tentar construir sua felicidade baseando-se na desgraça alheia? Ela continuava sua jornada pensativa. Entoava uma das canções tristes de sua terra. A natureza tocara-lhe profundamente a alma, sensibilizando-lhe o ser. Aquele momento de meditação seria o adubo de sua alma para as sementeiras do porvir. Não imaginava que a tão sonhada felicidade batia-lhe às portas do coração. Como todos os seres humanos, ela também desejava ser feliz. Tinha sede de viver em plenitude. Ansiava por algo que preenchesse o vazio existencial.

Assim pensando, dirigiu-se ao poço de Jacó. Buscaria água para as necessidades do cotidiano. Ao se aproximar, viu que também vinham do poço alguns homens. Pareciam judeus.

Não sabia como se comportar na presença de judeus. Eram de cultura diferente, e, apesar de suas cidades serem tão próximas, imperava à época determinação que proibia os habitantes de cidades samaritanas de ter conversas com judeus. A história havia separado nações irmãs, que se mantinham isoladas graças ao preconceito e à disposição geral em acatar os costumes e a tradição.

Apressou os passos para chegar primeiro ao

poço, antes que aqueles homens pudessem alcançá-lo, e partir logo após encher o seu cântaro. Mas... Há sempre um "mas" na história de todos os tempos, de todos os homens, de qualquer lugar. Um sentimento de repente envolveu-lhe o coração. Não sabia ela que, entre aqueles homens, estava o Filho do Homem. O embaixador da esperança dirigia-se também para o poço. Sua aura havia tocado a intimidade daquela mulher, produzindo-lhe um bem-estar surpreendente.

O coração da mulher batia descompassado. Por que estranho mistério estava assim tão alterado o seu organismo? Seus pensamentos pareciam fervilhar, como se algo a penetrasse intimamente, arrancando de seu ser estranhas recordações. A música silenciara de seus lábios e ouvia uma outra música, mais sublime e elevada. Pássaros voejavam felizes, enquanto a natureza parecia resplandecer ao seu redor. Tudo se preparava para receber a fecundação da vida.

Os homens se aproximaram do poço do patriarca hebreu, encontrando a mulher, que enchia seu cântaro, desconcertada. Ela não sabia o que lhe acontecera. Contudo, aquele era um momento único na história de sua jornada pelos séculos. Sem que esperasse, um dos homens lhe dirige a palavra, contrariando o costume de judeus e samaritanos:

— Mulher! — principiou Ele.

Ela estremeceu. Palpitava-lhe o coração, enquanto gotas de suor desciam-lhe pela face.

— Mulher, dá-me desta água de beber — disse o estranho judeu, sem hesitação.

Ela ousou levantar o seu olhar em direção ao homem, ao Filho do Homem.

Era jovem; cabelos encaracolados desciam-lhe sobre os ombros. Olhos amendoados refletiam a bondade e o brilho dos sóis. Seus lábios entreabertos pareciam sussurrar estranhos hinos, que não saberia repetir.

— Mas, Senhor... — a voz da mulher ficou embargada diante da emoção que tomava conta de si.

— Mulher! — repetiu, bondoso. — Tenho sede, dá-me desta água de beber.

Por momentos, estranho silêncio se fez sentir em toda a natureza. Como poderia Ele, a fonte da água viva, estar com sede? Como poderia a água viva sentir a boca ressequida?

— Mulher, dá-me desta água de beber!

A voz daquele homem ainda ressoava em seus tímpanos quando sentiu o seu olhar rasgando-lhe a alma, realizando uma cirurgia em seu coração dilacerado.

— Senhor, como podes tu, sendo judeu, pedir água a mim, que sou samaritana?

É que o amor não encontra fronteiras. As posições, títulos, hierarquias e nacionalidades perdem importância diante da figura do amor.

— Ah! mulher, mulher! Quem dera tu me conhecesses...

Era o divino em busca do humano. Se o homem conhecesse o amor, por certo não estaria perdido em meio às sinuosidades do caminho. Sua alma encontraria a saciedade.

— Se tu me conhecesses, tu mesmo é que me pedirias, e eu lhe daria uma água que, se a tomasses, jamais terias sede novamente.

— Senhor! — balbuciou a mulher. — Dá-me então dessa água divina...

— Na verdade, na verdade te digo que aquele que bebe da água que eu lhe der, de seu interior arrebentarão rios de água viva, e jamais terá sede.

A voz do Mestre ressoou pelas campinas. Atrás do véu que separa a realidade da vida, mensageiros de luz iam e vinham, realizando no espaço uma apoteose de luz, a dança do amor, brindando à nova era que se estabelecia.

Sem barreiras, sem sacerdotes nem templos de pedra, a nova religião do amor era estabelecida no templo do coração, tendo por altar a própria natureza, que em festa recebia as vibrações da voz do Rabi, o verbo de Deus.

Estremecendo, a mulher deixou escorregar o cântaro, que não mais satisfazia às suas necessidades, e abriu-se inteiramente para receber a água viva que iria transformar por toda a eternidade o seu destino.

A grandeza e a solenidade daquela hora só podem ser compreendidas por quem a viveu. Impossível ao vocabulário humano descrever as cenas de beleza imortal que se passaram no cenário das terras do Jordão, de Cafarnaum, de Betsaida, de Samaria ou de Judá.

Ante a presença do amor, a mulher de Samaria viu-se vencida. Quedou seu espírito ante as torrentes de água viva que eram derramadas em sua alma, e, a partir daquele momento, a humanidade pôde conhecer a força viva da fé, que, através daquela mulher, irradiou-se no mundo. Primeiramente entre os samaritanos e, mais tarde, naquela mesma vida e em outras tantas vidas, foi o seu exemplo sublime que tocou corações de muitos povos, porque imortalizado nas páginas sublimes do Evangelho do Senhor.

Heroína da fé e da virtude, após o encontro com o Mestre arregimentou forças e distribuiu o seu coração em doação plena de amor, num hino de exaltação à fonte fecunda e infinita do amor de Jesus.

A inclusão

Ante as transformações pelas quais o mundo deveria passar, as palavras de Jesus, há dois mil anos, nas passagens da Judéia, representam um marco e um incentivo ao progresso humano. A mensagem inserida na história da mulher samaritana é o apelo à inclusão. Vítima de discriminação religiosa e social, segregada pelos donos da religião e os nacionalistas de sua época, representantes do poder temporal, a mulher de Samaria viveu momentos interessantes, decisivos e importantes para todos nós que buscamos em sua experiência a inspiração para as experiências que vivenciamos.

O preconceito gerou a segregação, o gueto, a dificuldade de integração. Samaria trazia na história o retrato de uma época. Não havia sequer um ponto em comum entre os costumes sociais samaritanos e judaicos. O retrato da anarquia era o mais próximo que o judeu conseguia esboçar a respeito de seus irmãos samaritanos. Foram os samaritanos rejeitados, expulsos da convivência social com seus irmãos de genealogia, os judeus, mas ambos os povos ainda assim guardavam a fé num mesmo Deus e Senhor.

Ao eternizar a mensagem da mulher samaritana nas páginas do Evangelho, o Mestre quis deixar claro para a posteridade que Ele, o rabi de todos nós, trazia uma mensagem inclusiva. O Evangelho é inclusivo. Jesus sempre desafiou os preconceitos e o *status quo*, convidando para a ceia com o Pai aqueles que horrorizaram os próprios apóstolos. Da mulher samaritana ao endemoniado gadareno; de Maria de Magdala a Zaqueu, o publicano, Jesus sempre se confraternizou com os marginalizados da sociedade judaica.

Ao abrir as portas para o diálogo, a convivência e a reintegração social e espiritual com o povo da Samaria, Jesus quis deixar transparente a possibilidade de conviver com as diferenças.

Não havia na época — quanto não há hoje — a necessidade de diferenciar, separar ou rejeitar aqueles que pensam, agem ou têm algum comportamento diferente do nosso. A mensagem de inclusão é de uma clareza diamantífera. Não há como segregar; não há como exaltar as diferenças, muitas vezes criadas e mantidas pela ignorância das leis da natureza.

Jesus, de forma sábia, já lançava as bases claras e imorredouras da política divina. Já, há dois mil anos, era tempo de inclusão.

A mulher samaritana, símbolo da reintegração e da promoção de valores humanos acima das diferenças, ainda hoje, no século XXI, permanece extremamente atual e emerge das páginas do Evangelho como apelo aos modernos seguidores de Jesus.

Capítulo **9**

Maria de Nazaré

No SEXTO MÊS *foi o anjo Gabriel enviado por Deus a uma cidade da Galiléia, chamada Nazaré, a uma virgem desposada com um homem, cujo nome era José, da casa de Davi. O nome da virgem era Maria. Entrando o anjo aonde ela estava, disse: Salve, agraciada! O Senhor é contigo. Bendita és tu entre as mulheres. Porém, ela se perturbou muito com essas palavras, e considerava que saudação seria essa.*

Disse então o anjo: Maria, não temas, achaste graça diante de Deus. Conceberás e darás à luz um filho, e pôr-lhe-ás o nome de Jesus. Este será grande, e será chamado Filho do Altíssimo. O Senhor Deus lhe dará o trono de Davi, seu pai. Ele reinará eternamente sobre a casa de Jacó, e o seu reinado não terá fim.

Disse Maria ao anjo: Como se fará isto, visto que não tenho relação com homem algum? Respondeu-lhe o anjo: Descerá sobre ti o Espírito Santo, e o poder do Altíssimo te cobrirá com a sua sombra. Por isso, o ente santo que de ti há de nascer, será chamado Filho de Deus. Até Isabel, tua prima, concebeu um filho em sua velhice, sendo este o sexto mês para aquela que era considerada estéril. Pois para Deus nada é impossível.

Disse, então, Maria: Eu sou a serva do Senhor. Cumpra-se em mim segundo a tua palavra.

Lucas 1:26-38

Ela era uma estrela. Talvez uma estrela perdida nas constelações do firmamento. Perdida sim, pois o seu amor irradiava-se em mundos do infinito, não lhe permitindo ficar parada, fixa, na inércia. Era uma estrela errante que tinha sua morada entre os astros da imensidade. De onde viria essa estrela cadente, misteriosa? De quais espaços, universos ou dimensões viria a estrela virginal? Não importa. Talvez de Sírius, Canopus ou Aldebarã, de qualquer lugar; de todo lugar, de todas as épocas.

Ela trazia na face a suavidade do luar e a beleza das alvoradas. Revestiu-se de esplendoroso manto estrelado e desceu para a morada dos homens. O firmamento teceu-lhe uma coroa de luz e enfeitou-lhe a fronte com o véu da Via-Láctea.

A natureza suavizou o seu caminho tecendo um tapete de flores; o aroma das rosas, das acácias e dos lírios perfumou-lhe a existência, e, desse aroma indescritível, inexprimível no vocabulário humano, formou-se o seu corpo, com o qual conheceu os filhos do desterro.

E ela chegou. Embalada no canto dos rouxinóis, suas palavras lembravam o cantar das rolas e o trinar dos pardais. A estrela assumiu morada no coração da humanidade.

É Maria. Simplesmente, Maria. Sua vida transformou-se em símbolo de ternura e esperança para os deserdados. Seus pés caminharam sobre os espinhos das roseiras e sangraram no contato com os caminhos tortuosos e difíceis dos filhos da Terra.

Deixou sua marca, indelével, nas vidas das mulheres de todas as origens, de todos os povos. Em sua pessoa, a mulher alcançou as estrelas e, através de sua santíssima maternidade, divinizou a expressão de mãe.

Amparada pelos rouxinóis e pássaros canoros, rasgou a sombra da amargura e teceu o manto alvo e pulcro da via dolorosa de todas as mães da Terra.

Estrela, apagou-se entre as sombras e a escuridão das vidas sofridas, a fim de que o homem não se sentisse humilhado ante a grandeza de sua alma.

Experimentou o esforço inaudito de ser a mãe dos pecadores, a fim de conduzir o homem terrestre no caminho das estrelas.

É Maria. Simplesmente, Maria.

Maria consciente

As vidas de todos os homens estavam vazias de elementos superiores. O homem terrestre encontrava-se com fome de Deus e sede de sua misericórdia. Em todas as nações da Terra, o clamor das multidões, o desespero dos povos. A idéia de Deus e de seu poder carecia de maiores elaborações, da força moral do exemplo.

Dentro dessa necessidade é que foi preparado também o caminho para a encarnação do Verbo divino. Jesus, o divino avatar de todas as eras, assumiu a forma espiritual dos filhos dos homens até que, no tempo adequado, conforme fora previsto no grande plano cósmico, assumiu definitivamente a natureza humana, através da maternidade abençoada de Maria de Nazaré.

Espíritos superiores, que vinham de esferas luminosas da vida imortal, baixaram a sua vibração para serem percebidos pelos mortais. Anunciavam a vinda do Salvador, daquele que executaria os planos de Deus para o homem terrestre.

Maria de Nazaré, espírito virginal, já experimentado em várias e várias encarnações, aceitou o mandato sublime de ser a mãe do Senhor do mundo. Espírito milenar, que desenvolveu o sentimento e a ternura em grau superlativo, assumiu a condição de mãe do Senhor a fim de preparar-lhe os passos em sua missão de amor. Não foi escolhida qualquer mulher ou qualquer espírito para recepcionar o Salvador. Maria de Nazaré, assim como José, foram os eleitos do Senhor devido às experiências vivenciadas ao longo dos séculos, em outros mundos. Advindos de outras constelações, seus espíritos experientes entraram em contato com as esferas da humanidade guardando consciência de sua tarefa.

Maria, desenvolvendo o sentimento e a meiguice, aliados à consciência íntima de sua tarefa, desempenhou sua missão conforme o pensamento sublime dos espíritos superiores. Os primeiros passos do Mestre nos caminhos do mundo foram secundados pelos esforços da doce menina de Nazaré. Seu amor e sua dedicação aos princípios superiores a prepararam para a tarefa importante de ser a doce mãe de Jesus. Quando decide esposar José, Maria já estava consciente de sua missão sublime. Sua sensibilidade natural colocou-a constantemente em contato com as esferas invisíveis. Espíritos superiores a orientavam desde a infância, tendo em vista sua missão de amor. Entrava em contato com espíritos sublimes com a naturalidade com que falava ao povo simples de sua terra. A mediunidade era-lhe um dom natural.

À noite, quando dormia, seu espírito redimido libertava-se dos limites vibratórios do corpo físico e elevava-se às alturas das dimensões espirituais. Inebriava-se nas luzes da luz do Cristo. Era orientada, naqueles momentos, quanto à natureza de sua tarefa.

Gabriel, nome pelo qual ficou conhecido o elevado mentor espiritual de Maria de Nazaré, procurava envolvê-la de modo constante em suas vibrações dulcíssimas.

Como mãe do redentor do mundo, Maria desempenhou sua missão com dignidade extrema, sendo reconhecida pelos séculos afora como a bem-aventurada mãe do Senhor.

Agora, no plano imortal, o seu espírito sublime auxilia o Mestre na obra de conscientização das almas. Nenhuma decisão em relação aos destinos da Terra é tomada sem o maternal parecer de Maria. De seu coração luminoso, partem os raios da misericórdia que ilumina a noite triste de espíritos sofredores do planeta. Juntamente com Jesus, sua alma alcandorada administra as manifestações de misericórdia para os corações dos homens.

Capítulo
A viúva de Naim 10

Logo depois, *Jesus foi a uma cidade chamada Naim, e com ele iam muitos dos seus discípulos e uma grande multidão.*

Quando chegou perto da porta da cidade, levavam um defunto, filho único de sua mãe, que era viúva. E com ela ia uma grande multidão da cidade.

Vendo-a, o Senhor sentiu grande compaixão por ela e lhe disse: Não chores.

Chegando-se, tocou o esquife e, parando os que o levavam, disse: Jovem, a ti te digo: Levanta-te.

O defunto assentou-se, e começou a falar, e Jesus o entregou à mãe dele.

De todos se apoderou o temor, e glorificavam a Deus, dizendo: Um grande profeta se levantou entre nós, e Deus visitou o seu povo. Correu dele esta fama por toda a Judéia, e por toda a região circunvizinha.

Lucas 7:11-17

Desde os primeiros anos aprendera
com seus pais a lição do trabalho. As dificuldades daquele tempo não eram diferentes das angústias e dos
problemas de todos os tempos.

Desde cedo lutara, a fim de garantir a própria sobrevivência. As atribulações de sua vida forjaram o
caráter reto e honesto que lhe caracterizava a existência. Aprendera quanto pôde as noções da Lei e
somente não fez mais em virtude da necessidade de
dedicar-se às tarefas do lar e ao sustento dos seus.
Era ainda jovem, e as experiências da vida a levaram
ao envelhecimento prematuro.

Com a peste, que desolava muitos lares, perdera toda a família. Restava-lhe apenas uma prima de
distante grau de parentesco, da qual não sabia ao
certo o paradeiro.

Ainda naquela época seus caminhos cruzaram
os de um jovem rapaz, que a cortejara. Enamorou-
se dele, e logo viriam a contrair núpcias. Sua vida
continuou a se distinguir pelo trabalho, agora com
vistas a auxiliar o marido, que com o tempo passou

a explorar-lhe a juventude sofrida e desgastada, que as experiências e intempéries dos anos se incumbiram de encerrar.

Do consórcio matrimonial nascera-lhe belo menino, que lhe acalmava os dias tormentosos da vida. Era a esperança de dias melhores; era a flor que renascia no pântano de sua existência, prometendo bem-aventurança a seu espírito sofrido e cansado.

O mundo não compreende a grandeza das almas que servem no anonimato. Muitos seres aureolados de luz escondem-se sob as vestes frágeis do coração materno, a fim de, no silêncio e no serviço do amor anônimo, promoverem e incentivarem o progresso ou, ainda, simplesmente, transmitirem uma singela lição de amor.

A criança que nascera era sua esperança do futuro. A fé de Deus que se tornara visível e palpável em sua vida.

Seu marido em poucos anos abandonou o lar em busca de aventuras, deixando-lhe a responsabilidade pela educação do filho. Mais tarde, chegaria a seu conhecimento que o antigo companheiro perdera a vida na Samaria, em disputa por bagatelas cotidianas.

Ana — esse era o seu nome — continuou ao longo dos anos junto com seu filho dileto, no trabalho que a vida e a necessidade sempre lhe impuseram.

Naim era uma cidade onde era difícil sobreviver. Ana não se sentia à vontade para contrair novas núpcias, pois, apesar de distante do entardecer da existência, o peso das pouco mais de três décadas que vivera era grande fardo sobre seus ombros. Os anos haviam-lhe roubado o viço da juventude, e sua saúde exigia mais e mais cuidados. Além do mais, o querido filho foi-se mostrando cada vez mais sensível, e uma doença desconhecida ameaçou-lhe a vida em diversas ocasiões.

Ana trabalhava para as famílias mais abastadas, e o pouco que ganhava destinava-se a cobrir as despesas com a saúde ou com o aluguel da pequena vivenda que abrigava a si e ao filho amado.

As dificuldades em qualquer época são elementos preciosos na economia espiritual. Têm por objetivo desenvolver as aptidões e promover o despertar da consciência, que, de outra maneira, ficaria adormecida indefinidamente.

Ana ficou sabendo da notícia de que a cidade fora visitada pelo profeta de Deus. Um jovem que, por tudo que se diziam dele, representava a esperança do povo, da nação. Talvez — quem sabe? — algum dia poderia conhecê-lo e, através de seus ensinamentos e profecias, refazer sua alma alquebrada, bebendo da fonte sublime da Verdade. Afinal, assim deveria ser, como diziam, o profeta de Deus.

Esperava ansiosamente pelo momento do encontro, e sua alma, de certa maneira, pressentia que tal evento se daria brevemente. Alguma coisa diferente, um indefinível sentimento a invadia enquanto pensava no estranho profeta da Galiléia.

Seu filho, pela sensibilidade da saúde, encontrou-se em estado cataléptico. Dado o desconhecimento da época, julgara que a morte ceifara a vida de seu pupilo do coração, arrimo de sua alma. Como seria sua vida dali em diante? O único filho, esperança de sua vida, havia-lhe abandonado. O desespero intentou tomar conta de seu espírito, e ela entregara-se à angústia, que destruía suas últimas reservas de energia.

A morte física coloca o homem cara a cara com a realidade da vida. Diante da morte dos seus e da possibilidade concreta de morrer, todos são levados a refletir acerca do valor da vida. No estágio em que se encontra a humanidade é ainda necessário o sentido dualista da vida. Morte e vida são etapas necessárias ao aprendizado e ao despertamento do amor que vibra em tudo.

Ana, como mãe, desejou naquele instante a própria morte em troca da vida do filho. Mas restava ainda uma esperança, à qual se agarrou com toda a força de que era capaz. Quem sabe, o profeta?

Não havia mais tempo, entretanto. As exigências da Lei determinavam que o corpo fosse sepultado, pois já passara a hora prescrita pelas determinações de Moisés. Era o ocaso de uma vida. O fim da esperança. Mas e o profeta de Deus, o homem da Galiléia? Embora a dor da perda, orava intimamente quando o corpo da criança foi levado pelas ruas de Naim. Os curiosos seguiam o féretro, pois não encontravam nada mais interessante a fazer.

Do outro lado, outra multidão. Vinham acompanhando um homem que diziam ser o representante de Deus, o messias tão aguardado pelo povo hebreu.

A esperança reacende-se no peito de mãe. Orava mais, mais intensamente, tentando a todo custo banir o desespero de sua alma sofrida.

Quando Ele se aproximou era tarde. Era na verdade a tarde da alma dos homens. Ele parou. E, olhando as faces marcadas daquela mulher, percebeu, nas profundezas de sua alma, o sofrimento de toda a humanidade, vítima da ignorância das leis da vida. Mirou então o corpo rijo, que era conduzido pelas mãos do povo, e viu ali que o espírito imortal ainda não abandonara a sua roupagem de carne. A criança ainda vivia. Estava apenas em estado sonambúlico, quando o espírito, afastado do corpo, porém a ele ainda ligado, reduz as funções orgânicas ao mínimo. Mas tal fato aquele povo não podia compreender ainda. Era um povo jovem. Espíritos inexperientes.

Ele orou. Com o tempo haveriam de compreender as leis da vida. Por ora, diante do sofrimento e da dor, não adiantariam explicações. O cérebro nubla-se diante do desespero. É preciso agir, e agir com sabedoria espiritual.

Envolvendo o corpo da criança com os eflúvios sagrados do seu amor, chamou o espírito de volta, que logo se apossou do físico. Demonstrando o poder do amor, trouxe a criança rediviva aos braços de sua mãe.

Era a vitória da vida, na presença do amor.

Capítulo **11**

A cura do paralítico

Alguns dias depois entrou outra vez em Cafarnaum, e soube-se que estava em casa. Logo se ajuntaram tantos, que nem ainda nos lugares junto à porta cabiam, e anunciava-lhes a palavra. Vieram ter com ele conduzindo um paralítico, trazido por quatro homens e, não podendo aproximar-se dele, por causa da multidão, descobriram o telhado onde estava e, fazendo um buraco, baixaram o leito em que jazia o doente.

Jesus, vendo a fé deles, disse ao paralítico: Filho, perdoados estão os teus pecados.

Estavam ali assentados alguns dos escribas, que arrazoavam em seus corações: Por que profere este assim blasfêmias? Quem pode perdoar pecados, senão Deus?

Jesus, conhecendo logo em seu espírito que assim arrazoavam entre si, lhes disse: Por que arrazoais sobre estas coisas em vossos corações? Qual é mais fácil, dizer ao paralítico: Estão perdoados os teus pecados, ou dizer-lhe: Levanta-te, toma o teu leito, e anda? Ora, para que saibais que o Filho do Homem tem na Terra poder para perdoar pecados (disse ao paralítico): A ti te digo: Levanta-te, toma o teu leito, e vai para tua casa.

Ele se levantou e, tomando logo o leito, saiu na presença de todos, de sorte que todos se admiraram e glorificaram a Deus, dizendo: Nunca vimos tal coisa.

Marcos 2:1-12

A Galiléia era uma região de rara beleza. Ali ficaram escritas, nas páginas do tempo, as mais belas lições do Evangelho, imortalizadas nas montanhas e vales, nas areias do mar de Tiberíades ou nas folhas de suas árvores; a cantata de amor dedilhada pelo Mestre na harpa sensível de sua alma ainda ressoa na atualidade.

Em Cafarnaum, a cidadezinha que viu nascer muitos dos ensinamentos de Jesus, morava também Simão Barjonas. O frescor das planícies e os ventos benfazejos de Genesaré atraíram para a região a atenção de reis e governantes ao longo da história, que para lá se dirigiam em férias. De extensão pouco maior que a baía da Guanabara, o mar de Genesaré, também conhecido como Tiberíades ou mar da Galiléia, era de um raro esplendor. Talvez, por isso, lembrasse a Jesus as profundezas da alma humana, que ele amava integralmente.

Subindo num monte próximo, o Rabi olhava a região ao redor com a alma nostálgica. Ao longe, as moradas de pescadores e de homens simples, cujas almas robustas estavam prestes a ser transformadas para sempre em cartas vivas do sublime amor.

O meigo Rabi desceu o monte em direção à casa de Simão. Mesmo ainda distante, pôde observar a multidão que se acotovelava junto à morada do pescador de almas.

Àquela época, as casas eram construídas de forma particular. Jardins embelezavam até mesmo a mais simples morada dos homens. Os aposentos eram distribuídos na periferia, enquanto a área central das residências era dedicada ao lazer, como se fosse uma sala de visitas. A cumeeira era feita com clarabóias, de tal forma que pudessem ser abertas e assim dar entrada ao ar que provinha do mar, refrescando todo o ambiente. Normalmente se encontrava no fundo das casas uma escada improvisada, através da qual se pudesse chegar às clarabóias.

A casa de Simão não era diferente. Também não era diferente dos demais homens o comportamento do filho de Jonas. Havendo convidado o Mestre para pousar em sua vivenda, Simão também se incumbiu da tarefa de divulgar por todos os arredores de Cafarnaum que receberia naquela tarde a visita especial. Afinal, todos precisavam saber que ele era amigo íntimo de Jesus. Os conhecidos e vizinhos deveriam ter notícia de que Simão usufruía da presença do Mestre, de tal forma que sua casa e sua pessoa fariam parte dos comentários de todos os habitantes dos derredores.

Mas não somente os amigos tiveram a atenção despertada para a visita de Jesus à casa de Simão. Escribas e fariseus, representantes do Sumo Sacerdote, igualmente acorriam ali, na esperança de poder tentar Jesus e colocar fim publicamente ao trabalho do Mestre, que tanto os incomodava. Além deles, a notícia da visita de Jesus atingira a multidão de aflitos e desesperados, ávidos de benefícios imediatos. Este era o quadro que se esboçava naquela tarde, quando Jesus se dirigia à casa de Simão, também chamado Pedro.

A multidão se acotovelava à porta de entrada da pequena casa, enquanto Pedro, do lado de dentro, era alvo de perguntas, olhares e observações das pessoas presentes. De certo modo, ele se sentia o segundo homem mais importante naquela tarde, já que era o anfitrião e amigo pessoal de Jesus, o Mestre dos desvalidos.

Sabendo o que o aguardava nas horas que se seguiriam, Jesus cobriu a cabeça com o manto que lhe fora oferecido por Maria, sua mãe. Disfarçava sua aparência e seu olhar, a fim de que pudesse chegar à casa de Simão. A caminho, decidiu entrar pelos fundos, pois chamaria menos atenção naquele momento.

Dentro de casa, a multidão já se encontrava impaciente, aguardando a presença daquele que representava a solução para seus mais diversos problemas. Cobravam de Pedro, constrangendo-o. O apóstolo tentava acalmar os ânimos, pois sua experiência dava-lhe convicção de que Jesus não faltaria ao compromisso, embora não havia sido combinada a presença de tanta gente, como ocorria ali. Todavia, Pedro sabia do amor de Jesus, e, afinal, ainda que a seu modo, o próprio apóstolo estava contribuindo com a divulgação da mensagem da boa-nova. Num gesto muito humano, Pedro somava-se à multidão, procurando beneficiarse da amizade e da visita do Mestre. Ele conseguira chamar a atenção de muita gente para si e para o fato de que era amigo pessoal de Jesus de Nazaré.

Disfarçando seu olhar inigualável e inconfundível, Jesus caminha despercebido para os fundos da casa de Pedro e, por lá, adentra o recinto. Quando ainda estavam todos dominados pela euforia das conversas e comentários, o homem da Galiléia, de Nazaré e de todos os lugares caminha até a sala e lentamente retira o manto de sobre a cabeça.

Se na aparência Jesus se confundia com o homens mais simples do povo, isso não ocorria com seu olhar. Ao fitar a multidão, que conversava em voz alta e tom elevado, um a um que cruzava os olhos com o olhar de Jesus ia aos poucos se acalmando. O burburinho cessava progressivamente, e, antes mesmo que se estabelecesse o silêncio completo, ouviu-se na casa de Simão a voz magnética e distinta do mestre nazareno:

— A paz seja convosco!

A bênção que costumeiramente Jesus pronunciava, do hebraico *shalom*, magnetizava a multidão, que imediatamente se calou. O olhar de todos se voltava agora para Jesus, enquanto Simão passava para o segundo plano. Mãos estendidas, olhar profundo e devastador, ele falava para a alma. Baixou com vagar seus braços, à medida que caminhava, e, a passos lentos, pôs-se a falar, logo abaixo da clarabóia:

— Vim trazer-vos o reino do meu Pai. E a minha palavra é revestida de autoridade, pois que esse reino que anuncio aos vossos corações é a extensão da minha própria vida. Trago-vos a boa-nova, a notícia de um reino que já foi inaugurado, embora muitos não o tenham percebido. Esse reino de Deus será a esperança para os famintos e sedentos de justiça e misericórdia. Nele, os anseios da alma humana serão plenamente satisfeitos, já que todos anelam pela felicidade. Porém, as bases e a política desse reino novo não se assemelham às políticas humanas. Eis que vos trago algo que ultrapassa o atual pensamento da humanidade. Trago-vos a política divina do "amai-vos uns aos outros". A força desse reino está no coração, na capacidade de amar, de doar-se, transformando-se cada um de vós na mensagem viva e no próprio mensageiro da felicidade.

A multidão estava admirada com a força moral da qual se revestiam as palavras de Jesus. Estavam habituados a ouvir os longos discursos nas sinagogas, que mais serviam para aumentar o orgulho dos fariseus. Mas ali estava quem era superior a toda encenação farisaica. Jesus falava com convicção e ao mesmo tempo com profundidade. Ele sabia tocar a alma humana com palavras fáceis de serem compreendidas. Desprovido da complexidade do vocabulário aprendido na educação mundana e que não atingia o objetivo, Jesus falava ao coração. E, porque vivia tudo o que pregava, havia em sua mensagem uma força moral irresistível.

Escribas e fariseus, incomodados, ameaçavam deixar o ambiente, pois sentiram que não havia como enfrentar o homem chamado Jesus. Quase desistiram de ali permanecer, quando a situação modificou-se bruscamente. Ouviu-se um barulho repentino, um burburinho na multidão, que até então estava como que estagnada diante da mensagem do Cristo. É que, do lado de fora, alguns homens tentavam abrir passagem para conduzir a Jesus um paralítico, enfermo do corpo e da alma. No entanto, a resistência era maior do que esperavam. Jesus, conhecendo a dor do homem que estava sendo conduzido no leito, aumentou a voz, continuando a falar ao povo. Não se deixou interromper, embora o seu psiquismo já houvesse captado o pedido mudo de socorro que partia daquele homem.

Devido à resistência oferecida pela multidão, que se acotovelava na entrada da casa de Pedro, os condutores do homem paralisado decidiram buscar outro caminho. Foram pelos fundos da casa. Lá encontraram a escada, que conduzia à clarabóia, e arquitetaram um plano para levar o infeliz homem à presença de Jesus. Amarraram o pobre ser em sua maca e, com algumas cordas, o elevaram até a clarabóia da casa de Simão.

Jesus ainda se dirigia ao povo; entretanto, como sabia o que se passava no exterior da casa, deu dois passos para trás e, sem que sequer notassem seu gesto, liberou o local que ficava logo abaixo da clarabóia. A seguir, todos presenciaram algo incomum. Um homem era içado da clarabóia lentamente. O olhar dos presentes desviou-se até o paralítico, que estava então amarrado a seu leito e descia pouco a pouco em direção a Jesus.

Ao ser depositado no chão, aos pés do Mestre, todos se calaram de imediato, já que a intromissão tão incomum havia despertado os ânimos. Escribas e fariseus em seu canto cochicharam:

— Queremos ver agora como ele poderá mostrar

a força de seu tão falado reino.

— Não dizem que ele cura? — ironizou outro. — Conhecemos este miserável e sabemos que sua doença é incurável. Vejamos como o rabi se sairá então...

O homem, deitado e ainda preso à padiola que lhe servira de elevador, trazia os membros endurecidos, rijos já havia muitos anos. Ainda podia falar, todavia. Foi então que todos ouviram a sua voz, gutural, rasgando-lhe a garganta e, diante do esforço, fazendo com que sua fisionomia se transformasse numa máscara de rara feiúra:

— Jesus, filho de Davi, tenha misericórdia de mim!

O Mestre, parado, mirava o homem paralítico e sondava-lhe o coração, bem como os corações dos demais, que permaneciam à espreita do desfecho daquelas cenas.

Conhecia profundamente a alma dos homens e os seus pensamentos.

— Que queres que eu faça? — indagou Jesus.

— Que eu seja curado, Senhor — rasgava a voz daquele infeliz.

Os fariseus acreditavam que ali se encerraria o ministério de Jesus. Pensavam que o Mestre não tinha saída para a situação. Diante da multidão era colocado à prova o poder de Jesus e a veracidade de suas palavras.

Após breve diálogo com o homem, Jesus pronuncia:

— Em nome do amor e do reino de meu Pai, eu te digo: Levanta-te e anda!

— Mas, Senhor... — balbuciou o enfermo, em sua incredulidade. — Sou paralítico, e todos aqui me conhecem desde a mocidade. Eu não posso andar!

Fixando o olhar nos olhos do paralítico, o Mestre irradiava intenso magnetismo espiritual:

— Em nome do reino de amor e de meu Pai, que me enviou, eu te digo, agora: Levanta-te, toma tua cama e vai.

Fariseus e escribas murmuravam, questionando a autoridade de Jesus, e a multidão aguardava os resultados visíveis de seu poder.

O paralítico não conseguia desviar seus olhos do olhar de Jesus. Parecia que naquele momento o Céu encontrara a Terra, e desse olhar cruzado fluíam energias e uma intensidade de amor tal que nada no mundo lhe poderia opor resistência ou sequer nublar.

— Levanta-te — tornou a ordenar Jesus, com voz firme.

Em princípio um leve tremor passou pelos membros enrijecidos do enfermo de Cafarnaum. As mãos, paralisadas há décadas, começaram a se movimentar, enquanto jatos poderosos de fluidos extravasavam dos olhos do Mestre.

Ao verem o que ocorria, os fariseus e a população ali reunida começaram a falar, todos ao mesmo tempo, assustados, sem compreender a autoridade moral do Rabi.

Cada membro enrijecido daquele homem parecia ganhar vida repentinamente, e, enquanto isso, seus olhos não conseguiam se furtar ao olhar penetrante do Nazareno. Para o espanto e a comoção geral, o antigo paralítico vai aos poucos se erguendo. Após se curvar levemente diante do Mestre, já inteiramente de pé, toma o próprio leito e abre caminho entre o povo, estupefato. Jesus o acompanhava com os olhos, e as pessoas ali presentes, mal haviam presenciado fenômeno tão surpreendente, cada uma com seus males procurava agora se achegar ao rabi da Galiléia, a fim de se beneficiar individualmente de alguma maneira.

Jesus passou o resto da tarde curando, falando do Reino. Do lado de fora, Pedro fazia questão de informar a cada um que saía de sua casa com a bênção de Jesus:

— Ele é meu amigo. Eu sou um de seus apóstolos.

Humano como todos os demais, Simão Barjonas igualmente projetava em Jesus seus anseios particulares; no seu caso, queria aparecer à sombra do Nazareno. Desejava se destacar ao lado de Jesus. Ele era apenas humano; o Mestre sabia compreendê-lo e permanecia amando-o profundamente. Em sua serenidade, Jesus conhecia certas experiências reservadas àquele filho de Deus, que, a seu tempo, aprenderia a lição da simplicidade.

Escribas e fariseus saíram furiosos do ambiente doméstico, sem se conformar com os fenômenos que presenciaram. Aliás, o fenômeno pura e simplesmente não convence nem converte. Ele apenas alicerça a fé daquele que creu, sem nada ver. Para o incrédulo, o fenômeno permanece incompreensível.

Jesus curava as dores do povo enquanto ministrava o ensino moral.

Mais tarde, quando Pedro notou uma gota de suor descendo à face de Jesus, despediu o povo, que não se fartava de receber os benefícios irradiados da doce presença do Mestre.

Jesus então convidou Simão Pedro para uma caminhada à beira do lago. Os ventos do mar da Galiléia alvoroçaram os cabelos de Jesus, que lhe caíam sobre os ombros. Naquela noite que se precipitava sobre a cidade de Cafarnaum, Jesus chorou. Uma lágrima discreta substituía o suor de minutos atrás.

Pedro, abraçando seu mestre, argumentou:

— Por que choras, Senhor? Eu mesmo vi os benefícios que distribuíste entre os homens! Eu vi pessoalmente o paralítico andar após o concurso do teu amor...

— Choro por ele, Pedro — sentenciou Jesus.

— Não entendo, Senhor.

— Não compreendeis ainda a natureza do meu reino de amor. A multidão também não conseguiu entender a minha mensagem. Aquele homem curado de paralisia — prosseguiu o Mestre — desce agora para o encontro com a prostituição, tentando, de acordo com seu entendimento, compensar os anos de reclusão benéfica e educativa proporcionada pela enfermidade.

— Mas, Senhor — tornou a falar Pedro. — E quanto àquela mulher, que curaste logo depois? Não estará ela porventura feliz agora?

— Não, Pedro, ela também não compreendeu a mensagem do meu reino. Desce neste exato momento à planície e planeja se vingar dos familiares que a rejeitaram durante os anos de dissabor.

— Mas, Senhor...

— Choro por eles, Simão, e por você também.

Jesus deteve os passos próximo a uma pedra. Recostou-se nela e mirava as primeiras estrelas nos céus. Pedro resolveu respeitar o silêncio que se fazia, admirando também o firmamento.

Foi Jesus quem quebrou o silêncio, falando enquanto apontava as estrelas distantes:

— O meu reino, Pedro, é tão vasto como as estrelas dos céus. Hoje presenciaste o fenômeno e não o compreendeste. Mas virá a hora em que deverei retornar às estrelas e os deixarei na Terra, representando-me entre os homens.

— Senhor...

— Quando eu for — falava Jesus, enquanto, agora, o apóstolo é quem chorava — enviarei um consolador para ficar convosco eternamente. Só então, quando ele vier, é que entendereis o significado verdadeiro de meus atos e de minhas palavras.

Pondo-se a caminhar novamente, o mestre de Nazaré, da Galiléia e todos os recantos da Terra retornou para a casa de Pedro, deixando a marca de seus pés sulcada nas areias do mar de Tiberíades. As águas em breve apagariam aquelas pegadas; contudo, o tempo não conseguiu apagar a grandeza do seu amor. Todas as guerras dos homens e todas as atitudes inglórias da humanidade não conseguiram apagar a grandeza do "amai-vos uns aos outros".

Capítulo

**O centurião
de Cafarnaum**

12

O servo de certo centurião, a quem este muito estimava, estava doente, quase à morte. Quando o centurião ouviu falar a respeito de Jesus, enviou-lhes uns anciãos dos judeus, rogando-lhe que viesse curar o seu servo. Chegando eles a Jesus, rogaram-lhe muito, dizendo: É digno de que lhe concedas isto, porque ama a nossa nação, e ele mesmo nos edificou a sinagoga.

Então Jesus foi com eles. Estando já perto da casa, enviou-lhe o centurião uns amigos para lhe dizer: Senhor, não te incomodes, pois não sou digno de que entres em minha casa. Por isso não me julguei digno de ir ter contigo. Dize, porém, uma palavra, e o meu servo será curado. Pois também eu sou homem sujeito à autoridade, e tenho soldados às minhas ordens, e digo a este: Vai, e ele vai; e a outro: Vem, e ele vem. Ao meu servo digo: Faze isto, e ele o faz.

Ouvindo isto, Jesus se maravilhou dele e, voltando-se, disse à multidão que o seguia: Digo-vos que nem ainda em Israel achei tanta fé.

Voltando para casa os que foram enviados, acharam curado o servo.

Lucas 7:2-10

Os dias áridos haviam chegado cedo

para aquele jovem. Ainda nos mais tenros anos da mocidade, seu pai fora atingido por uma das pragas que assolavam a população urbana, tornando a vida nas cidades algo ainda mais desafiador. Chefe de família, o patriarca procurara em Roma o trabalho que provia o sustento à mulher e aos dois filhos que muito amava.

Não mais se esqueceria da imagem dos cavalos chegando à região campesina e da euforia por pensar que era o pai que retornava à casa, após aqueles meses de labuta. Qual tristeza se apoderou das expressões juvenis ao deparar, pela primeira vez, com o corpo moribundo, ausente de vida. Lágrimas desceram-lhe à face, e, desde tal instante, ainda que doloroso, pudera-se notar a firmeza do espírito experimentado nas conquistas do ser.

Diante das reações amargas da mãe, envolvida na incompreensão e insensatez que o episódio fulminante fazia arder em sua alma, o jovem imediatamente impusera-se como líder familiar. Aos 13 anos já se fazia conhecer pela responsabilidade e pela consideração dos comerciantes que viajavam pela região.

A vida daqueles que pretendem seguir o caminho da retidão jamais é isenta de experiências dolorosas, que deixam profundas cicatrizes na alma. Esperar da vida a oportunidade de desenvolver valores de caráter a toda prova, sem as lágrimas e o suor que ainda marcam o aprendizado no planeta Terra, é como esperar a colheita sem arar a lavoura. Jesus, o divino orientador dos destinos humanos, imortalizou a dor como caminho de elevação humana, ao estampar no Gólgota a imagem do sofrimento como ponte de ascensão ao Alto. É na trajetória de redenção, entretanto, que o prêmio do Senhor traz o sopro salutar que bafeja a morada dos homens. É através da fé e na busca incessante pela espiritualização cotidiana que o homem encontra o ungüento para suas feridas e o remédio que cicatriza suas feridas e cura suas dores.

À medida que a idade avançava, o jovem viu o sustento da mãe e do irmão tornar-se mais difícil, pois a seca afetava os rios, e a colheita comprometia-se ano a ano. Além disso, questões de segurança o levaram a preocupar-se com os destinos de sua família, naqueles rincões já parcialmente abandonados pelas famílias amigas.

É assim que o jovem decide entregar o destino mais uma vez às asas da prece, pedindo compreensão para conduzir da melhor maneira a situação da família, em especial a da mãe e suas questões de saúde mental, que já lhe davam certo trabalho. Deitando-se em silêncio, na noite estrelada e povoada dos sons próprios da paisagem bucólica que o cercava, adormece aquele filho muito especial. Já tendo experimentado a relação com a Imortalidade, vê afastar-se, diante de si, o véu que separa as realidades transitória e eterna, recebendo o amparo que jamais abandona no desabrigo os filhos do Todo-Poderoso.

Pela manhã, com o jeito resoluto que o caracterizaria pelo restante da existência, prepara a mudança. Roma o aguardava, e, naquele momento, podia antever as duras provas que o esperavam. Não via outra solução, no entanto. Iria para a cidade, seguindo o destino do pai — quem diria? —, deixando a mãe aos cuidados do irmão mais novo, que a essa altura já contava 15 anos de idade. Sob os protestos da mãe, deixou para trás aqueles que mais amava, em nome do amor que sentia.

A vida de quem está em processo de mudança exige coragem e determinação. Para transformar uma realidade, é necessária certa cota de energia, que somente é obtida com a dedicação incansável que os novos projetos demandam. Não se constrói nada sem trabalho, e as aquisições do ser exigem planejamento e força de vontade. Ao empreender a mudança nos aspectos exteriores da vida, é necessário sondar as razões que movem a consciência. Determinar se há mudança íntima e amadurecimento, em lugar de fuga ou repetição dos antigos afazeres, pode ser uma boa medida.

Os dias da soldadesca imperial eram de trabalho duro, de sol a sol. Recrutado pouco tempo após a chegada a Roma, dedicava-se com esmero ao treinamento e esperava com ansiedade o soldo, encerrado o período de trabalho, a fim de que pudesse proporcionar ao irmão e à mãe os cuidados mínimos necessários à sobrevivência. Da lavoura para o lidar com as ferramentas de batalha, seu caminho foi percorrido com naturalidade, confiante de que, ao menos até aquele momento, não seria necessário enfrentar as lutas sangrentas, que, em seus dias, tinham sofrido interrupção abençoada.

Após séculos de conquistas e investidas, o império conhecia anos de relativa tranqüilidade até mesmo em suas fronteiras. Sem dar-se conta do instante iluminado que vivenciavam, as elites enumeravam contingências políticas e econômicas para interpretar aquele momento, utilizando a soberania de Roma como o grande argumento para explicar o período, que ficaria conhecido como a *pax romana*.

É interessante notar a capacidade humana de ater-se a detalhes periféricos na análise das experiências; muitas vezes escapa ao indivíduo a origem real de suas inquietações.

Longe de imaginar o que ocorria na porção oriental do império, os homens não levantavam suspeita quanto à presença do Rabi, que, àqueles dias, ainda adolescente, preparava seu ministério pelas terras da Judéia. Eram os ventos benfazejos de Nazaré, que abençoavam toda a humanidade. Naqueles dias, o mundo pôde experimentar um período de pacificação nunca antes visto — e jamais repetido —, que intriga até os dias atuais o estudioso da trajetória humana.

Deus sabe prover o ser humano daquilo de que necessita para enfrentar as provas e os desafios peculiares da existência. O servidor atento e dedicado sabe, por sua vez, captar os desígnios da Providência e usufruir a vida de acordo com o que ela lhe permite, sem hesitar em vivenciar a misericórdia e a prosperidade que Deus pode proporcionar. Consciente de seus deveres e de que há uma finalidade em cada coisa, o homem sábio pode enfrentar as batalhas do Si munido dos recursos que a vida lhe dispensou.

É assim que o jovem, amadurecido pelos anos de trabalho árduo, fez-se notar na inteligência e nos dons da ética e da hombridade. Chamado a colaborar no planejamento e nas funções mais estratégicas do comando das tropas, soube surpreender seus superiores hierárquicos com os resultados de suas indicações. Logo chamou a atenção de certos oficiais e, antes do que poderia supor, via-se novamente diante de uma encruzilhada.

Já acompanhado da mãe e do irmão, na cidade, deveria deixá-los mais uma vez, para abraçar a promoção que o levaria a comandar tropas nas terras distantes de Judá. Companheiro fiel e grato, recebe do irmão o encorajamento oportuno e parte uma vez mais, levando na bagagem a saudade dos seus e o desejo de — quem sabe? — encontrar o aconchego no coração de uma dama que o pudesse receber. Ao longo de tantos anos dedicados ao trabalho, esquecera-se dos apelos de sua própria alma juvenil em nome do cuidado dispensado aos familiares e das suas atribuições no império dos Césares.

Longa viagem o separava daqueles que amava. Após um ano de labuta em terras estrangeiras, sentiu desejo de retornar. Sua mãe, falecida ainda em seus primeiros meses de cavalgada, não tinha podido rever. Como esperava poder encontrá-la novamente, recuperada da doença que a consumira lentamente... Nas noites frias, sob as tendas áridas da paisagem montanhosa, era nela que pensava, lembrando igualmente do pai, de quem tinha tênue memória e que o inspirava nos desafios mais árduos.

Foi então que conheceu jovem mulher e firmou residência nas terras de Judá. Anos se passaram, e o então centurião romano via a casa encher-se de alegria no sorriso dos filhos, que agora o faziam sentir-se realizado, em companhia da amada. Com responsabilidades de escol, o fiel soldado romano transformara-se em chefe de legiões, que comandava buscando realçar a consciência de que estavam em terras ocupadas. Sua mulher, discriminada pela união com um invasor romano, sabia padecer com as críticas até mesmo dos familiares, que não a compreendiam, em nome do amor pelo marido que admirava.

Foi assim que os dois abraçaram-se um ao outro e juntos abraçaram a fé comum ao povo judeu. Ele, já distante da visão de Roma, encontrou em Jeová, o deus hebraico, a expressão de seu amor por Deus. Junto com a esposa, surpreendeu a comunidade ao erguer, a suas expensas e com a mão-de-obra de muitos de seus soldados, que o tinham em alta conta, uma sinagoga como presente aos judeus de Cafarnaum. Conquistara, com o gesto de sua generosidade, não só o respeito, mas a convivência social mais pacífica com os nativos, cujas terras, afinal, estavam ocupadas pelo poderio dos Césares. Fez-se respeitado pela autoridade moral.

É assim que, ao adoecer um de seus servos mais

chegados, companheiro desde os dias da distante Roma, aflige-se ao vislumbrar — à semelhança do que ocorrera com seu pai, sua mãe e, a essa altura, também com o irmão mais novo — a partida de um coração querido.

— Senhor! — interpela-o outro de seus soldados.

— Há um profeta a rondar as margens do Tiberíades; ele tem feito prodígios, curado os coxos e devolvido a visão aos cegos.

— Quem é esse homem? Diga-me sem demora.

— Não sei, senhor. É apenas notícia que está sendo comentada nas redondezas.

A inquietação tomou conta daquela alma. Não podia abandonar o companheiro com a sombra da morte a seus pés; ao mesmo tempo, via naquele profeta a única esperança para afastá-la das portas de sua casa.

E o homem entregou-se à oração uma vez mais. Com vistas a compreender melhor o que lhe ocorria e obter a orientação segura, repetiu o gesto de pedir orientação ao divino, que o tinha levado até ali. Decide, então, destacar homens para ir em busca do misterioso profeta e fazer chegar a ele o pedido de misericórdia.

Sem haver ainda encontrado o Mestre, aquele homem tinha dificuldades em reconhecer a si próprio. Sua mente estava totalmente voltada para o contato com o profeta anunciado. De repente, cenas de um homem de cabelos longos, entre tons de dourado e castanho, tomavam-lhe o sono; de costas, esse homem parecia saber de sua presença e, ainda assim, permanecia impassível, guardando certa distância, ainda que em sonho. Caminhava e caminhava em direção ao Mestre e, por motivos que ignorava, não conseguia dele se aproximar. Despertou inebriado com as imagens que povoavam sua mente e deu novas ordens a seus soldados:

— Diga-lhe que não venha mais, pois não sou digno de receber em minha casa tão grande senhor. Não é o general que vai à casa do centurião, mas o contrário. Mande a ele meus enviados. Da mesma forma como tenho meus comandados, sei que ele tem os dele, e pode curar sem que seja necessário desviar-se de seus caminhos.

É o poder da fé, a grande desconhecida que sempre moveu as grandes almas, na certeza de que os destinos humanos não estão ao desabrigo da paternidade divina. Familiarizado com os dons da mediunidade, via rasgar-se o véu que separa os mundos ainda outra vez, mantendo a confiança nos emissários invisíveis de Jesus para promover a cura de seu servo.

Seus comandados, intrigados com as ordens de seu senhor, obedeceram-lhe duvidosos de sua atitude inusitada. Para surpresa deles, ao encontrarem

Jesus, este vira-se para a multidão e declara: "Nem em Israel encontrei tamanha fé".

A história do centurião representa a alma que crê e a certeza de que a verdade divina toca corações distantes para sua obra. Nem sempre são os primeiros a serem chamados que se fazem escolhidos e, mesmo em meio àqueles que recebem o maior investimento e se pronunciam como representantes da fé divina, encontramos dúvida. A força daquele que soube encontrar nas experiências mais adversas da vida o combustível para a fé surpreende e derruba as pretensões de quem quer que se encontre em posição privilegiada, ao lado do Mestre.

"O Messias veio para os seus, e os seus não o reconheceram" — a passagem evangélica é a expressão de uma verdade que deve sempre nortear a fé daqueles que compartilham do banquete do Senhor, cientes de que Jesus, o divino pastor de almas, sabe cativar a cada um segundo seus domínios e aptidões. O caminho do Cristo é uma estrada plural, e mesmo nos lugares mais inusitados vamos encontrar alguém que, mesmo sem o saber, foi tocado pela doce vibração daquele que nos conduz os destinos.

Capítulo
Zaqueu, o publicano 13

Tendo Jesus entrado em Jericó, ia passando. Havia ali um homem chamado Zaqueu, que era chefe dos cobradores de impostos, e era rico. Este procurava ver quem era Jesus, mas não podia, por causa da multidão, porque era de pequena estatura. Então, correndo adiante, subiu a um sicômoro para vê-lo, já que havia de passar por ali.

Quando Jesus chegou àquele lugar, olhou para cima, e disse-lhe: Zaqueu, desce depressa. Hoje me convém pousar em tua casa.

Apressando-se, desceu e o recebeu com alegria. Todos os que viram isto murmuravam, dizendo que entrara para ser hóspede de um homem pecador.

Mas Zaqueu levantou-se e disse ao Senhor: Senhor, olha, eu dou aos pobres metade de meus bens, e se nalguma coisa defraudei alguém, o restituo quadruplicado.

Disse-lhe Jesus: Hoje veio a salvação a esta casa, porque também este é filho de Abraão. Pois o Filho do Homem veio buscar e salvar o que havia se perdido.

Lucas 19:1-10

Aqueles eram tempos difíceis. As dificuldades íntimas refletiam na sociedade daquela época as mesmas angústias e temores que hoje caracterizam as massas humanas. Conflitos sociais ou conflitos psicológicos geravam as mesmas insatisfações que hoje perseguem o homem moderno.

Soava pelas planícies da Judéia a voz suave e melodiosa da mensagem do Mestre, convidando a todos para os tempos de renovação. Mas também naqueles tempos reinava o desespero em muitos corações e, como reflexo das imperfeições humanas, o desconforto que o preconceito velado ou ostensivo trazia.

Publicanos e fariseus, cobradores de impostos do templo ou representantes de César eram considerados por muitos como representantes de classes que deveriam ser evitadas. Os publicanos, naturalmente, devido a sua história envolta nas brumas das realizações inferiores, despertavam o desprezo e a discriminação geral.

A história de Zaqueu não era diferente da história e dos dramas de muitos homens. Proveniente de um passado comprometido tanto com a lei divina quanto com a legislação humana, o publicano da história evangélica encontrava-se na encruzilhada da vida. Enriquecera-se ilicitamente com o comércio espúrio que realizava desde a mocidade. O matrimônio era campo de confronto constante, e a mulher demandava-lhe imensa cota de sacrifícios, a fim de corresponder-lhe às mais diversas expectativas. As exigências e obrigações sociais faziam-no desdobrar-se de tal maneira, consumindo-lhe a vitalidade orgânica, que ocasionaram seu envelhecimento precoce. Por certo que a família refletia as suas próprias angústias íntimas, e, assim, o desequilíbrio era marca sempre presente em sua vida doméstica.

Intimamente, desejava mudar, mas era preciso que algo ou alguma força externa pudesse impulsioná-lo rumo à renovação tão necessária. Naquela tarde, tudo contribuiria para que o publicano encontrasse o caminho da renovação. Uma multidão acompanhava um certo homem, alguém que se dizia rabi. Era um homem diferente. Não apenas falava a respeito de um certo reino, mas vivia-o em sua vida, exemplificando nas experiências aquilo que era o objeto de suas pregações.

De longe, Zaqueu, o publicano, resolveu observar mais detidamente.

De estatura menor que a maioria de seus contemporâneos, recorreu ao extremo recurso a fim de poder, pelo menos, ver aquele que se apresentava como o filho de Deus. Desejava algo em seu íntimo, mas não saberia precisar exatamente o que queria. Subiu num sicômoro, árvore cuja presença era habitual naqueles sítios; de lá, poderia observar a presença daquele cujo amor e cujos feitos ganhavam repercussão por toda a Judéia e Samaria.

O rabi andava no meio da multidão de almas desgarradas e esfaimadas. Seus caminhos não passavam pelos mesmos caminhos dos reis e soberanos terrestres. Preferia as estradas da vida onde mais se faziam necessárias as suas palavras e os seus exemplos de compaixão, sabedoria e amor. Assim é que usualmente se encontrava acompanhado das prostitutas e daquela gente considerada de má vida. Dos leprosos da alma aos sedentos de justiça, dos injustiçados e oprimidos aos infelizes da Terra, além de certos personagens conhecidos como antigos perseguidores do povo — essas eram as companhias do peregrino nazareno.

Como hoje, o preconceito exercia intenso domínio nos corações humanos despreparados para a realidade da vida eterna.

O Mestre deteve-se ante o sicômoro, cujos galhos sustentavam o corpo de Zaqueu, o publicano. Fixou longamente os olhos do homem infeliz e desejoso de renovação. Olhos nos olhos, o médico das almas penetrou profundamente naquela alma desgarrada do redil e então pronunciou as seguintes palavras:

— Zaqueu! — chamou o Mestre. — Hoje convém que eu esteja contigo em tua casa.

Ante a oferta do Mestre de todos os mestres, Zaqueu não poderia titubear.

Para todo homem, em algum momento, chega a hora da transformação. Surge na ampulheta do tempo a hora exata do encontro com a vida. Assim, para Zaqueu, também resplandecia o raiar de um novo dia. A Estrela Polar do Evangelho, Jesus, brilhava intensamente em sua vida, no céu de seu destino.

Os seguidores do Nazareno observavam a atitude do Mestre com espanto, e também eles a recriminaram, pois não compreendiam que Ele, o médico divino, viera exatamente para aqueles que mais necessitavam. De médico só precisa quem se encontra enfermo; aquele que se sente sadio não necessita lançar mão dos recursos sejam da medicina terrestre como da espiritual.

Mas quem poderá saber o que vai no coração humano? Mesmo aqueles que se dizem apologistas da verdade ainda têm muito a aprender e muito ainda a reaprender no campo da vida universal. Jesus deixou-se conduzir pelo impulso do amor, do amor ágape. As dificuldades humanas levam os indivíduos a desenvolver a incompreensão, a intolerância e as demais características antagônicas à virtude, as quais imperam nos corações ainda distantes do bem e do amor.

Jesus dirigiu-se à casa de Zaqueu como se dirige à casa mental de cada ser, assim que se apresente a necessidade de renovação interior. É preciso aguardar o momento certo em que o espírito amadureça para a vida, e há que se desenvolver sensibilidade para perceber tal ocasião.

Da mesma forma como os publicanos inspiravam o preconceito naqueles de sua época, também hoje o preconceito ainda domina os corações humanos. Contudo, Jesus e os espíritos superiores não se submetem às convenções humanas. Se algo ou alguma situação não se sintoniza conosco ou com nossos conceitos da verdade, é bom que possamos nos observar mais detidamente. As coisas espirituais estão acima das questões humanas. O preconceito é filho do orgulho e irmão do egoísmo. Todo tipo de preconceito deve ser combatido com o exercício do amor incondicional.

Os Zaqueus modernos são chamados a abrir as portas de seus corações para o encontro com a eternidade. Os preconceituosos são igualmente chamados para o encontro consigo mesmos. São chamados a estudar suas vidas, analisando-as de acordo com a ótica espiritual. Considerem-se como realmente o são: imperfeitos e ainda em fase de evolução. Todos estão no caminho do aprendizado e por isso não há lugar para preconceitos em nossas vidas. A lição do Evangelho é de pura fraternidade. A mensagem é de caridade e de amor.

Zaqueu e Bezerra de Menezes

A tarde esvaía-se nas nuvens que se acumulavam no mais alto. A paisagem bucólica da Galiléia lembrava o passado, quando aquele povo atingira o apogeu, no auge da glória. Contudo, era um povo sofrido e aflito que reclamava urgentemente as bênçãos do Consolador.

Ele era palavra, o verbo feito carne. Sua foi a voz ouvida naquele recanto obscuro de uma nação decadente, sob o jugo férreo de Roma. O rabi caminhava envolvido pela multidão ávida de resultados imediatos. Todos desejavam de alguma forma obter alguma coisa das mãos milagrosas do Mestre. Todos almejavam alguma espécie de lucro.

Ao longe, os olhos sublimes de Jesus avistavam uma árvore bravia. Sobre os seus ramos escondia-se alguém.

Ah! Os olhos de Jesus!

Duas pérolas amendoadas incrustadas naquele corpo cujas dores refletiam as da humanidade.

Ao entrar em contato com a suavidade daqueles olhos a alma humana quedava-se extasiada, conquistada com tamanha iluminação que extravasava dele. Seus olhos vivos pareciam incrustados sob a franja e as madeixas que lhe caíam à face. Cabelos crespos, claros e ao mesmo tempo tingidos com as cores do sol. O sorriso largo e a face vincada com as marcas sofridas de sua trajetória milenar.

O homem que se escondia entre as folhas da árvore silvestre era alguém que tentava a todo custo fazer-se perceber e conquistar a atenção do mestre nazareno. Zaqueu, o publicano — assim o chamavam os seus compatriotas. Desde muito cedo, em sua vida pública, acostumara-se ao ganho fácil. Casado e pai de seis filhos, conquistara a fama de homem rude e de índole difícil. A mulher, arbitrária e irritadiça, inspirava-lhe a ilusão do desrespeito e da infelicidade conjugal.

Ajuntara grande quantia de dinheiro no trato com as questões políticas e com o tratamento abusivo que destinava àqueles irmãos que estavam sob sua tutela. Ficara sabendo da presença do rabi e por diversos meios se deixara abalar em suas convicções somente por ouvir as histórias que envolviam aquele homem lendário, o filho de Davi. Teria de chamar-lhe a atenção; desejava muito que o rabi pudesse premiá-lo com um olhar ou — quem sabe? — com um colóquio na intimidade do seu lar. Contudo, não encontrou outra forma de mostrar-se ao rabi, senão subindo nos galhos do sicômoro, árvore comum naquelas plagas da Galiléia. De estatura pouco avantajada, Zaqueu precisava subir na árvore a fim de se fazer notado.

O divino enviado aproximava-se a passos lentos, porém, com o coração tão rápido que seu pensamento, expandido, captara a vontade daquele que desejava modificar-se interiormente.

A alguns passos do sicômoro, o Mestre se deteve e, para espanto de seus seguidores, dirigiu o olhar e as palavras para o homem que fora símbolo de infidelidade e de negócios espúrio.

Quando Zaqueu fixou o olhar nos olhos do Mestre, sentiu como se a carne em torno de seus ossos fosse se diluir. Estremeceu e emocionou-se como nunca antes.

Jesus sorriu de forma que somente ele percebesse.

Zaqueu sentiu-se fraquejar e, arrebanhado por aquele olhar profundo e ao mesmo tempo meigo, foi para sempre conquistado por ele.

Jesus esboçava algo entre os lábios.

Zaqueu desenvolvia uma atividade frenética em sua mente.

Jesus demonstrou saber de sua intimidade, do conteúdo de seus pensamentos.

A multidão e os discípulos foram aos poucos se acalmando e observando o resultado daquele encontro. Era o encontro entre a luz e a escuridão, o sol da vida e a lama da Terra. O rabi da Galiléia abre sua boca e expressa o desejo de, naquele dia, ir à casa de Zaqueu.

O publicano esboça uma reação puramente emocional, justificando-se e propondo uma mudança radical em seu comportamento.

Agora ele, Zaqueu, sabia com absoluta certeza que jamais seria o mesmo. Estava para sempre conquistado pela bondade e intensidade dos olhos de Jesus. O rabi prossegue a sua caminhada, mas, assim que Ele parte, o publicano, renovado e conquistado pelo olhar do Mestre, grita para que todos o ouçam:

— Rabi!

Jesus pára para ouvir a proposta de Zaqueu:

— Sei que tenho retirado do povo tudo que posso; tenho sido um mau administrador, e minha fortuna, eu a conquistei com as lágrimas alheias. De agora em diante, retribuirei a todos a quem causei constrangimento e devolverei tudo àqueles de quem tirei.

Jesus sorri discretamente, sabendo que o tempo, os séculos aguardariam pacientemente a transformação das almas delinqüentes em anjos de luz. Jesus, o rabi da Galiléia, saberia esperar até que aquela alma incrustada no carvão da carne acordasse para o futuro. Jesus sabia esperar.

O Mestre continuou seus passos seguros, investindo nos filhos do amanhã.

Zaqueu desceu do sicômoro, renovado pela presença do Mestre.

O tempo passou, e os séculos fizeram o papel de cinzel do tempo, modificando o conteúdo íntimo daquela alma pequenina, transformando-a num gigante da fé.

Zaqueu renasce e retorna ao palco do mundo.

Um dia, uma multidão faminta, aflita e insegura procura o representante de Jesus. Após um dia estafante de trabalho, aquele homem já não encontrava forças para continuar atendendo aos convidados de Jesus. Dezenove séculos se passaram, e agora ele renasceu refletindo nos próprios olhos o olhar do rabi.

Olhos doces, pequeninos e da cor de mel, ele recebe uma mulher aflita. Zaqueu, renovado sob nova roupagem física, pergunta à mulher o que a angustia. Ela responde:

—Ah! Meu senhor, não tenho sequer um centavo para comprar o pão para os meus filhos. Como então poderei comprar o remédio para o menino que desfalece em meus braços?

Os olhos experientes relembram o sofrimento

dos séculos. E, nas telas da memória, ele relembra a promessa feita a Jesus, de que devolveria ao antigo dono tudo aquilo que dele extorquira e se doaria por completo àqueles a quem prejudicara.

Cansado, já com o peso do sofrimento sobre seus ombros, toca as próprias mãos. Ao perceber o único bem que lhe restava, o anel de médico, retira-o do dedo e o entrega à mulher, que, antes de partir, beija-lhe a mão de ancião. Reconhecendo naqueles olhos o reflexo do olhar de Jesus, agradece comovida:

—Obrigada, Dr. Bezerra de Menezes. Muito obrigada.

—Não agradeça, filha. Estou apenas devolvendo aquilo que lhe tirei.

Jesus, sorrindo, permanece investindo na humanidade sem pressa, sabendo que o carvão mais negro se transformará um dia no diamante luminífero, a irradiar a luz do sol.

Capítulo **14**

**Pedro,
a rocha dos séculos**

DEPOIS QUE JOÃO *foi entregue à prisão, veio Jesus para a Galiléia, pregando o Evangelho do reino de Deus, e dizendo: O tempo está cumprido, e o reino de Deus está próximo. Arrependei-vos e crede no Evangelho.*

Andando Jesus junto ao mar da Galiléia, viu Simão, e André, seu irmão, que lançavam a rede ao mar, pois eram pescadores.

Jesus lhes disse: Vinde após mim, e eu vos farei pescadores de homens.

Então eles, deixando as redes, o seguiram.

Marcos 1:14-18

A PRIMEIRA COISA *que André fez foi achar a seu irmão Simão, e dizer-lhe: Achamos o Messias (que quer dizer Cristo). E levou-o a Jesus.*

Olhando Jesus para ele, disse: Tu és Simão, filho de João. Tu serás chamado Cefas (que quer dizer Pedro).

João 1:41-42

Era um simples pescador. Às margens do Tiberíades o barco parecia soçobrar ante o vendaval que se aproximava, assinalando a tempestade. Os peixes começavam a rarear, e dia após dia a situação sócio-econômica obrigava os homens simples do povo a encontrar novas saídas para a sobrevivência. Simão Barjonas, irmão de André, já se preparava para desistir do trabalho infrutífero. Dentro do peito, porém, uma chama diferente parecia bruxulear.

Notou que a tempestade e o vendaval aos poucos se autoconsumiam, devolvendo a calmaria à natureza. Ao longe, um homem se aproximava. Trajava um manto de cor clara, tecido em linho finíssimo, que refletia os raios de um sol que teimava em irromper entre as nuvens; cabelos encaracolados pendiam-lhe sobre os ombros, e os olhos penetrantes pareciam reluzir a cor do mel. O homem aos poucos se aproximava e, à semelhança de uma aparição, atraía a atenção daqueles homens, já marcados pela dor e o sofrimento.

Toda a Judéia e também a Galiléia estavam sob o jugo dos romanos. Aqueles homens do povo sentiam na própria pele, assim como em seus alforjes, que as últimas reservas de força — e de moedas — escasseavam. No coração, uma leve intuição de que aquela era uma época incomum. Algo diferente estava sendo preparado para o mundo.

O homem de pés descalços achegou-se ainda mais, trazendo na singularidade do olhar e estampada na própria face uma esperança renovada. Ele parecia conhecer os pensamentos que se passavam em suas mentes e os sentimentos que afligiam seus corações. Aproximou-se com um largo sorriso.

Naquela tarde, todos os pescadores registraram, de uma forma ou de outra, que suas vidas seriam para sempre modificadas.

Recostando-se num dos barcos atracados na areia, o homem perguntou:

— Que se passa entre vós?

— O tempo, meu senhor, o tempo e a ressaca espantaram os peixes, e já não temos mais o que pescar.

Dirigindo-se a Simão Barjonas, homem de barbas fartas e cabelos desgrenhados, o jovem galileu convocou:

— Vem comigo e te farei pescador de homens e de almas. O mundo está preparado, e a hora é agora, em que lançarás tuas redes sobre as águas e retirarás delas as almas já amadurecidas pelas experiências da vida.

Não havia como resistir ao magnetismo superior daquelas palavras e daquele olhar.

Simão seguia o Galileu já havia algum tempo. Desde então, uma nova perspectiva abriu-se diante de seus olhos, e um mundo novo se esboçava sobre as flâmulas romanas e os louros dos Césares.

Certo dia, o Mestre dos desvalidos convidou Simão para um colóquio arrebatador. Aconchegou-o junto a si e, tocando-lhe a face, macerada pelos anos de sofrimento e trabalho árduo, disse-lhe:

— Tu, Simão, és pedra. Tu és Pedro, e sobre esta pedra edificarei minha igreja, e as portas do inferno não prevalecerão contra ela.

A promessa estava feita, e ao longo dos séculos seria executada cada letra e cada iota da sentença divina. Pedro deveria representar uma nova diretriz, e, através de seu testemunho de homem forte e impetuoso, o mundo conheceria, finalmente, a mensagem da imortalidade.

Foi-se confirmando a tarefa de Pedro, que, em muitas ocasiões, seria por Jesus distinguido dos demais apóstolos. Assim, é da barca de Pedro que Jesus evangeliza a multidão no litoral. É a Pedro que Ele dá a ordem de lançar a rede, no episódio que ficaria conhecido como a pesca milagrosa. É a Pedro que o Mestre sustém sobre as ondas.

Negou a causa cristã, ao negar a Cristo, embora agindo assim não apagasse totalmente a chama da revolução dentro do peito, essa obstinada vontade que sufoca alguns seres humanos. Levantou-se numa epifania paradisíaca, inebriado pelo sonho de futuro, quando a promessa do Cristo seria plenamente realizada.

Com seu gênio forte e espírito já experiente, Simão Pedro retorna à pátria espiritual. Na hora derradeira, sob o olhar do Coliseu romano, é crucificado de cabeça para baixo, conforme seu próprio pedido, pois sua consciência não lhe permitia ser martirizado da mesma maneira como fora seu Mestre. O apóstolo trazia impressa na memória a negação tripla que lhe marcava a alma.

Retorna ao mundo algumas vezes, preparando-se para o porvir. Através da reencarnação, nasce novamente. Nas terras da Boêmia, em meio ao ambiente opressor e às nuvens medievais, surge João Huss. Queimado na fogueira devido ao seu gênio ímpar, que se rebela contra os abusos da igreja secular, o apóstolo renasce das cinzas feito fênix e retorna à pátria espiritual como espírito liberto, seguidor incondicional do Cristo. Esperaria, entre as falanges do Consolador, o momento propício para retornar à Terra e dar o testemunho supremo da mensagem cristã.

Quando o mundo estava mergulhado nas trevas da ignorância e os povos haviam esquecido os ensinamentos do Mestre, Jesus chamou a si a falange de trabalhadores imortais. Era necessário dar um sopro renovador e um novo alento à humanidade. Na reunião memorável, ouvia-se o pronunciamento do Mestre:

— Preciso de um espírito experiente, alguém forte e corajoso, que, embora tendo experimentado as quedas humanas, seja um marco da nova revelação. Há que ter muita força para enfrentar as marés de dificuldades e para não fraquejar diante das provações difíceis que se abaterão sobre ele.

A assembléia de espíritos iluminados permanecia em silêncio. Após o Senhor da vida falar a respeito das virtudes necessárias para a nova tarefa, em meio à multidão de espíritos elevados surge a figura de Pedro. Cabelos alvos e olhar firme e determinado.

O Mestre sorri e abraça-lhe o espírito resoluto.

No íntimo, o apóstolo recorda as palavras proféticas do Cristo, centenas de anos atrás: "Tu és Pedro, e sobre esta pedra edificarei minha igreja…".

— Aqui estou, Senhor; se quiser, envia-me! — as palavras de Pedro eram seguras.

Jesus sabia que poderia confiar plenamente nele. Aquela era uma assembléia de luz que preparava a nova fase de evolução do mundo. Abraçado por Jesus, Simão é conduzido ao aconchego de um útero materno, e, nove meses mais tarde, o mundo recebe em seu regaço Hippolyte Léon Denizard Rivail.

Allan Kardec ressurge com o gênio empreendedor e arrojado. Séculos após negar Jesus, o espírito do apóstolo retorna e, dotado da mais impávida lucidez, demonstra irremediavelmente a vida espiritual e os conceitos incompreendidos da mensagem do Evangelho. Se, no passado, negara a experiência concreta com o Galileu, declara agora, com certeza inabalável, a existência da realidade extrafísica — e vai ainda mais adiante. Traça relações estreitas entre a dimensão do espírito e a vida humana e extrai conclusões, sempre com lógica cristalina e coragem surpreendente, que abalam seriamente as convicções da razão pretensiosa, materialista. De modo inédito na história terrena, retira do domínio do fantástico, do maravilhoso e do místico as manifestações da vida imortal, rompendo séculos de ostracismo com argumentos que ninguém pôde refutar. Devolve à mensagem de Jesus o *status* pungente e atual que sempre possuiu, apresentando-a como algo muito mais abrangente, sem circunscrevê-la à esfera religiosa, secular. Sobre a pedra sólida do alicerce kardequiano, é erguida a universal igreja de Jesus, sob a égide do espiritismo.

Posfácio

Jesus, mensageiro da tolerância

Por **Leonardo Möller**, editor

NISTO CONHECERÃO *todos que sois meus discípulos,*
se vos amardes uns aos outros.

João 13:35

Falar sobre o Evangelho segundo o ponto de vista histórico e relatar as experiências vividas por seus personagens é penetrar em terreno perigoso. Tocar nesses temas habitualmente desperta reações apaixonadas, e logo se deseja determinar o veredicto com precisão: é verdade ou não é? Está certo ou errado? Permanecemos, seres humanos, atormentados pela necessidade visceral de organizar os eventos em compartimentos de verdadeiro ou falso. Contudo, nem sempre as questões são assim tão simples, e a realidade é permeada por detalhes que escapam à análise maniqueísta.

Nesse aspecto, prefiro acreditar que a atitude de Jesus com Pilatos é extremamente apropriada até os dias de hoje. Diante da derradeira pergunta: "Que é a verdade?" (João 18:38), o Mestre calou-se. Conforme assevera certo mentor espiritual, talvez Jesus tenha optado por respeitar o momento da humanidade, que ainda não estava apta a compreender integralmente o que seja a verdade.

E por que nós, religiosos de todos os cultos e épocas, inquietamo-nos tanto com a verdade?

Evidentemente, é um assunto palpitante. Do ponto de vista histórico, por exemplo, quem não deseja saber como as coisas de fato ocorreram? Não há curiosidade que resista diante dessa possibilidade. Porém, para a frustração de tantos quantos buscam apurar o néctar precioso da verdade, a filosofia da ciência contemporânea afirma que a verdade, em si mesma, não existe. Por certo que existe enquanto fato absoluto, mas, ao tentarmos perscrutar-lhe a essência através do pensamento ou da comunicação, ela deixa de existir. O que há, em seu lugar, é tão-somente uma *visão possível* da verdade.

Tudo o que enxergamos, enxergamos a partir do prisma construído pela nossa própria trajetória e pelas nossas experiências. Ocorre como em matéria de mediunidade: não há comunicação espírita "pura", isto é, que não se utilize dos recursos anímicos, preexistentes no arcabouço mental do médium, e seja por eles determinada. A comunicação é, invariavelmente, uma parceria *medianímica*.

Todavia, é importante chegar a certo padrão comum e compartilhado pelo grupo para que possamos nos reunir em torno dele. Em matéria religiosa, por exemplo, é estabelecendo a codificação kardequiana como base que podemos nos sentir pertencentes ao grupo social daqueles identificados como espíritas. É na obra e no pensamento de Allan Kardec que se assentam nossas convicções, e é nesse território que trocamos experiências.

Kardec e a verdade

Há que se transcender a simples leitura dos textos kardequianos e compreender o espírito que moveu o codificador em suas escolhas, determinado certamente, em maior ou menor medida, pelo impulso das falanges do Espírito Verdade. Analisemos dois exemplos que demonstram gestos sábios do codificador com relação à verdade.

O terceiro livro da codificação, *O Evangelho segundo o espiritismo*, contém os desdobramentos morais da filosofia espírita e tem por base as *Leis morais*, texto que compõe a terceira parte da obra inaugural *O livro dos espíritos*. Ao apresentar o novo trabalho, Kardec explica que ali estão reunidas exclusivamente as passagens da vida de Jesus que ilustram seu ensino moral, e que a obra teria por objetivo analisar esse *ensinamento moral* do Mestre, uma vez que ele é "o terreno em que todos os cultos podem encontrar-se, a bandeira sob a qual todos podem abrigar-se, por mais diferentes que sejam as suas crenças"[2]. *Amai-vos uns aos outros* é a regra de ouro válida em qualquer época ou cultura. Ora, não que os demais aspectos da vida do Cristo sejam desinteressantes; é que os princípios morais são aqueles diante dos quais as disputas religiosas cessam e todos encontram confluência. Em *O livro dos médiuns ou guia dos médiuns e evocadores*, que aborda a dimensão experimental e, portanto, científica da doutrina espírita, Kardec também faz uma opção digna de nota. Ao contrário do que talvez pudesse se esperar, ele não redige um manual para reuniões mediúnicas, não estabelece como cada coisa deverá se processar em detalhes. Mais ainda: a publicação anterior, intitulada *Instruções práticas para as manifestações espíritas*, ele prefere suprimir, conforme nos informa na nota à segunda edição de *O livro dos médiuns*. Argumenta que, fruto de uma necessidade urgente por ocasião da doutrina nascente, aquele livro teria perdido o sentido com a publicação deste. Em vez de determinar regras e um esquema

---

[2] KARDEC, Allan. *O Evangelho segundo o espiritismo*. Tradução de J. Herculano Pires. Capivari, SP: EME, 1997, 3ª ed. Introdução, item 1: Objetivo desta obra, p. 15. A leitura deste texto na íntegra é sempre um deleite e ainda uma recomendação para que jamais deixemos de ver o aspecto religioso do espiritismo com a clareza e a lucidez com que é apresentado pelo codificador.

rígido de funcionamento para as reuniões ou mesmo para as sociedades espíritas, Kardec simplesmente traça diretrizes, partilha os frutos de suas observações e pesquisas, cataloga e classifica os fenômenos e apresenta, ao final, apenas a título de exemplo, o regulamento da Sociedade Parisiense de Estudos Espíritas. Ou seja: Kardec não dá receitas, apenas aponta caminhos. Em perfeita sintonia com a pedagogia mais avançada, não amarra os aprendizes em modelos intransigentes, mas confere a eles a mais poderosa das ferramentas: a liberdade.

É assim que a doutrina espírita faz duas opções que evidenciam sua paternidade superior. Primeiramente, atém-se ao essencial, à verdade maior, que é a necessidade de amar e de vivenciar a caridade na sua mais suprema acepção. Portanto, não perde tempo com sofismas, não se importa se Maria era virgem ou não, não especula sobre a data do nascimento de Jesus, mas também não delimita o campo de investigações futuras. Em segundo lugar, tolera e respeita a diversidade de métodos, estabelecendo tão-somente os princípios sobre os quais devem se pautar os pesquisadores do invisível. Declara que cabe aos médiuns e evocadores a responsabilidade pelos resultados e não discorre se as reuniões devem ser feitas em torno da mesa ou no chão, se os médiuns devem ser em número x ou y, não prescreve técnicas de passe nem de desenvolvimento da faculdade mediúnica. Não restringe os horizontes amplos da verdade, dando à doutrina condições de progredir indefinidamente.

Tais opções refletem um codificador muito sensato, que aprendeu com o Mestre o que havia de melhor.

A Bíblia e a verdade

Para citar outro exemplo acerca do caráter relativo da verdade, as discussões sobre a autencidade dos textos bíblicos merece destaque. Talvez se pretenda mostrar que o verdadeiro e o puro não estão assim tão ao alcance do ser humano.

Não há um manuscrito original único nem traduções absolutamente fiéis; em muitas passagens, foi feita a opção pelo mais provável, em razão da pluralidade de possibilidades.

A verdade, quando dissecada em seu seio, parece trair o examinador. Apresenta-se muitas vezes ambígua ou, no mínimo, plural. A luz é onda ou partícula? Ambas: de acordo com a física moderna, a luz propaga-se ora como onda, ora como partícula. O elétron, dentro do átomo, encontra-se aqui ou ali? Impossível determinar, segundo a física quântica. Possivelmente, em ambos os lugares, simultaneamente. É a lei da relatividade.

De volta à Bíblia. Jesus encontrou-se pessoalmente com o centurião, que teve o servo curado por Ele à distância, ou foram seus soldados que o procuraram e intercederam pelo centurião? Depende se você lê o Evangelho de Mateus ou de Lucas. O endemoniado que Jesus curou em Decápoles era de Gadara ou de Gerasa? Mateus registra a primeira opção; Marcos e Lucas, a segunda, apesar de o povoado dos gadarenos ser bem mais próximo do Lago de Genesaré, o que tornaria a versão de Mateus mais verossímil, conforme argumentam alguns.

Se quisermos especular, podemos discutir se Jesus realmente existiu, como personagem histórico, se morreu mesmo na cruz, se era celibatário ou não. Há quem diga que o Messias é uma invenção, outros afirmam que ele fugiu e foi para o extremo oriente, e há ainda aqueles que insistem que Jesus era amante de Maria Madalena e que com ela teve descendentes. E todas essas hipóteses — defendem — com a devida fundamentação!

Há espaço para tudo debaixo do Sol... E quem há de pôr um ponto final, encerrando qualquer discussão? Quem há de proibir a livre manifestação das idéias e calar os homens e suas opiniões? A quem é dada a autoridade de estabelecer a verdade em âmbito universal? Deus, que tem esse mister, prefere não fazê-lo.

Tolerância: uma grande verdade

No dia em que nós, espíritas, deixarmos de prezar a liberdade de expressão e de interpretação dos fatos, igualaremo-nos ao inquisidor e ao que de mais mesquinho o homem já fez com a religião. No dia em que abandonarmos a ética do codificador, que combatia as idéias de seus oponentes sem desrespeitá-los como seres humanos, trairemos o princípio mais elementar do espiritismo e da mensagem de Jesus. No dia em que proibirmos livros e acreditarmos que há entre nós aqueles aptos a determinar o que o outro deve ou não deve conhecer, sob a alegação pretensiosa de que "o povo não está pronto" para decidir por si próprio, evocaremos o argumento dos ditadores de todas as épocas e nos converteremos em tiranos da sabedoria.

Acordemos! Os espíritos superiores já fizeram soar a trombeta. Derramaram sobre a humanidade a água cristalina do ensinamento espírita porque, nas palavras do Espírito Verdade, "são chegados os tempos em que todas as coisas devem ser restabelecidas no seu verdadeiro sentido"[3]. A população está pronta, sim, e sedenta de educação para a autonomia.

A proposta espírita é tão subversiva como o próprio Jesus...

[3] *Op. cit.* Prefácio, p. 13.

Tornaremo-nos modernos escribas e fariseus, que foram duramente repreendidos pelo Mestre em inúmeras ocasiões, no dia em que valorizarmos mais o conhecimento diletante, a pureza doutrinária, o debate sobre o corpo fluídico de Jesus, o doutrinário e o antidoutrinário que o trabalho em nome da caridade e do esclarecimento de consciências.

Quem tem a impressão de que estou exagerando, procure reler o alerta de Jesus e, depois, de Kardec no texto *Verdadeira pureza e mãos não lavadas*, constante do capítulo *Bem-aventurados os puros de coração*, em *O Evangelho segundo o Espiritismo*.

Para amarmo-nos uns aos outros não é necessário que pensemos de modo exatamente idêntico; isso não é nem ao menos desejável. É preciso aprender a conviver com o diferente, respeitar e valorizar a diversidade. *Tolerância* é a palavra de ordem.

Explorar uma verdade

Levando em conta tais considerações, publicamos o texto do espírito Estêvão, em que propõe um olhar sobre certas passagens do Evangelho, de riqueza peculiar e conteúdo profundo, bem como manifesta sua visão acerca da reencarnação de espíritos marcantes. Sem fazer apologia da verdade nem envolver-se em debates sobre a "pureza" das versões que apresenta, o autor espiritual registra os fatos segundo percebe que ocorreram, pois que esteve encarnado na Judéia dos tempos do Galileu e tem demonstrado grande conhecimento de assuntos bíblicos. É válido lembrar que o autor espiritual assina o nome *Estêvão* como uma forma de homenagear o mártir da era cristã morto a mando de Saulo; é, portanto, um pseudônimo, pois sempre recusou com veemência assumir tal identidade. Através da psicografia de Robson Pinheiro escreveu também *Apocalipse: uma interpretação espírita das profecias*, e em *Mulheres do Evangelho* procura falar daqueles que se transformaram no encontro com Jesus.

Como o próprio Estêvão repete à exaustão, não pretende dar a última palavra em tema algum. Que mal há em emitir visões discordantes? Que prejuízo há na diversidade dos pontos de vista? Não são justamente as múltiplas visões que enriquecem o olhar humano e permitem o debate saudável, que colabora para o crescimento? Opção perigosa seria a de não tocar em assuntos controversos com medo de não receber os aplausos de todos os setores e a anuência absoluta.

Allan Kardec estabeleceu o controle universal do ensino dos espíritos como medida para extrairmos das comunicações mediúnicas o eixo doutrinário e inúmeras vezes afirmou que o tempo haveria de demonstrar se o espiritismo estava ou não com a razão. Portanto, salve o debate, pois dando a público as comunicações é que teremos possibilidade de exercitar o critério kardequiano, bem como é com o tempo que veremos quais das nossas pretensões realmente compõem o todo multifacetado a que chamamos verdade.

TÍTULO	Mulheres do Evangelho
SUBTÍTULO	e outros personagens transformados pelo encontro com Jesus
EDITOR, PREPARAÇÃO *de* ORIGINAIS *e* NOTAS	Leonardo Möller
PROJETO GRÁFICO, DIAGRAMAÇÃO *e* CAPA	Andrei Polessi
FOTO *do* AUTOR	Douglas Moreira
REVISÃO	Laura Martins
	Liane Oliveira
IMPRESSÃO E ACABAMENTO	Gráfica Viena
FORMATO	14 X 21 cm
NÚMERO *de* PÁGINAS	224
ISBN	978-85-87781-17-8

Todas as citações bíblicas foram extraídas da Bíblia de referência Thompson. Tradução de João Ferreira de Almeida — Edição contemporânea. São Paulo: Vida, 1998, 8ª impressão.

+ publicações

TAMBORES DE ANGOLA | *Coleção Segredos de Aruanda, vol. 1*
A ORIGEM HISTÓRICA DA UMBANDA E DO ESPIRITISMO
ROBSON PINHEIRO *pelo espírito Ângelo Inácio*

Uma visita a bases das trevas e a uma agência de vinganças do umbral. Conhecerá o magnetismo como poderosa ferramenta para desequilibrar consciências e observará o trabalho redentor dos espíritos – índios, negros, soldados, médicos – e de médiuns que enfrentam o mal com determinação e coragem. A primeira obra espírita a mostrar a origem histórica e as diferenças entre umbanda e espiritismo, respeitosamente.

ISBN: 978-85-87781-21-5 • ROMANCE MEDIÚNICO • 1998 • 256 PÁGS. • BROCHURA • 14 X 21CM

ARUANDA | *Coleção Segredos de Aruanda, vol. 2*
UM ROMANCE ESPÍRITA SOBRE PAIS-VELHOS, ELEMENTAIS E CABOCLOS
ROBSON PINHEIRO *pelo espírito Ângelo Inácio*

Por que as figuras do negro e do indígena – pretos-velhos e caboclos –, tão presentes na história brasileira, incitam controvérsia no meio espírita e espiritualista? Compreenda os acontecimentos que deram origem à umbanda, sob a ótica espírita. Conheça a jornada de espíritos superiores para mostrar, acima de tudo, que há uma só bandeira: a do amor e da fraternidade.

ISBN: 978-85-99818-11-4 • ROMANCE MEDIÚNICO • 2004 • 245 PÁGS. • BROCHURA • 16 X 23CM

CORPO FECHADO | *Coleção Segredos de Aruanda, vol. 3*
ROBSON PINHEIRO *pelo espírito W. Voltz, orientado pelo espírito Ângelo Inácio*

Reza forte, espada-de-são-jorge, mandingas e patuás. Onde está a linha divisória entre verdade e fantasia? Campos de força determinam a segurança energética. Ou será a postura íntima? Diante de tantas indagações, crenças e superstições, o espírito Pai João devassa o universo interior dos filhos que o procuram, apresentando casos que mostram incoerências na busca por proteção espiritual.

ISBN: 978-85-87781-34-5 • ROMANCE MEDIÚNICO • 2009 • 303 PÁGS. • BROCHURA • 16 X 23CM

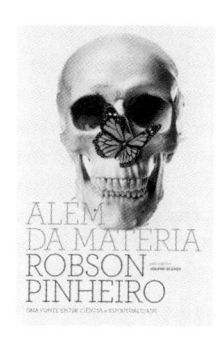

ALÉM DA MATÉRIA
UMA PONTE ENTRE CIÊNCIA E ESPIRITUALIDADE
ROBSON PINHEIRO *pelo espírito Joseph Gleber*

Exercitar a mente, alimentar a alma. *Além da matéria* é uma obra que une o conhecimento espírita à ciência contemporânea. Um tratado sobre a influência dos estados energéticos em seu bem-estar, que lhe trará maior entendimento sobre sua própria saúde. Físico nuclear e médico que viveu na Alemanha, o espírito Joseph Gleber apresenta mais uma fonte de autoconhecimento e reflexão.

ISBN: 978-85-99818-13-8 • SAÚDE E MEDIUNIDADE • 2003/2011 • 320 PÁGS. BROCHURA • 16 X 23CM

MEDICINA DA ALMA
SAÚDE E MEDICINA NA VISÃO ESPÍRITA
ROBSON PINHEIRO *pelo espírito Joseph Gleber*

Com a experiência de quem foi físico nuclear e médico, o espírito Joseph Gleber, desencarnado no Holocausto e hoje atuante no espiritismo brasileiro, disserta sobre a saúde segundo o paradigma holístico, enfocando o ser humano na sua integralidade. Edição revista e ampliada, totalmente em cores, com ilustrações inéditas, em comemoração aos 150 anos do espiritismo [1857-2007].

ISBN: 978-85-87781-25-3 • SAÚDE E MEDIUNIDADE • 1997 • 254 PÁGS. CAPA DURA E EM CORES • 17 X 24CM

A ALMA DA MEDICINA
ROBSON PINHEIRO *pelo espírito Joseph Gleber*

Com a autoridade de um físico nuclear que resolve aprender medicina apenas para se dedicar ao cuidado voluntário dos judeus pobres na Alemanha do conturbado período entre guerras, o espírito Joseph Gleber não deixa espaço para acomodação. Saúde e doença, vida e morte, compreensão e exigência, sensibilidade e firmeza são experiências humanas cujo significado clama por revisão.

ISBN: 978-85-99818-32-9 • SAÚDE E MEDIUNIDADE • 2014 • 416 PÁGS. • BROCHURA • 16 X 23CM

O FIM DA ESCURIDÃO | *Série Crônicas da Terra, vol.1*
REURBANIZAÇÕES EXTRAFÍSICAS
ROBSON PINHEIRO *pelo espírito Ângelo Inácio*

Os espíritos milenares que se opõem à política divina do Cordeiro – do *amai-vos uns aos outros* – enfrentam neste exato momento o fim de seu tempo na Terra. É o sinal de que o juízo se aproxima, com o desterro daquelas almas que não querem trabalhar por um mundo baseado na ética, no respeito e na fraternidade.

ISBN: 978-85-99818-21-3 • ROMANCE MEDIÚNICO • 2012 • 400 PÁGS. • BROCHURA • 16 X 23CM

MAGOS NEGROS
MAGIA E FEITIÇARIA SOB A ÓTICA ESPÍRITA
ROBSON PINHEIRO *pelo espírito Pai João de Aruanda*

O Evangelho conta que Jesus amaldiçoou uma figueira, que dias depois secou até a raiz. Por qual razão a personificação do amor teria feito isso? Você acredita em feitiçaria? – eis a pergunta comum. Mas será a pergunta certa? Pai João de Aruanda, pai-velho, ex-escravo e líder de terreiro, desvenda os mistérios da feitiçaria e da magia negra, do ponto de vista espírita.

ISBN: 978-85-99818-10-7 • AUTOCONHECIMENTO • 2011 • 394 PÁGS. • CAPA DURA • 16 X 23CM

TRILOGIA O REINO DAS SOMBRAS | *Edição definitiva*
ROBSON PINHEIRO *pelo espírito Ângelo Inácio*

As sombras exercem certo fascínio, retratado no universo da ficção pela beleza e juventude eterna dos vampiros, por exemplo. Mas e na vida real? Conheça a saga dos guardiões, agentes da justiça que representam a administração planetária. Edição de luxo acondicionada em lata especial. Acompanha entrevista com Robson Pinheiro, em CD inédito, sobre a trilogia que já vendeu 200 mil exemplares.

ISBN: 978-85-99818-15-2 • ROMANCE MEDIÚNICO • 2011 • LATA COM *LEGIÃO, SENHORES DA ESCURIDÃO, A MARCA DA BESTA* E CD CONTENDO ENTREVISTA COM O AUTOR • 16 X 23CM

LEGIÃO | *Trilogia O Reino das Sombras, vol. 1*
UM OLHAR SOBRE O REINO DAS SOMBRAS
ROBSON PINHEIRO *pelo espírito Ângelo Inácio*

Veja de perto as atividades dos representantes das trevas,
visitando as regiões subcrustais na companhia do autor espiritual.
Sob o comando dos dragões, espíritos milenares e voltados para o
mal, magos negros desenvolvem sua atividade febril, organizando
investidas contra as obras da humanidade. Saiba como os enfrentam
esses e outros personagens reais e ativos no mundo astral.

ISBN: 978-85-99818-19-0 • ROMANCE MEDIÚNICO • 2006 • 502 PÁGS. • BROCHURA • 14 X 21CM

SENHORES DA ESCURIDÃO | *Trilogia O Reino das Sombras, vol. 2*
ROBSON PINHEIRO *pelo espírito Ângelo Inácio*

Das profundezas extrafísicas, surge um sistema de vida que
se opõe às obras da civilização e à política do Cordeiro. Cientistas
das sombras querem promover o caos social e ecológico para,
em meio às guerras e à poluição, criar condições de os senhores
da escuridão emergirem da subcrosta e conduzirem o destino
das nações. Os guardiões têm de impedi-los, mas não sem antes
investigar sua estratégia.

ISBN: 978-85-87781-31-4 • ROMANCE MEDIÚNICO • 2008 • 676 PÁGS. • BROCHURA • 14 X 21CM

A MARCA DA BESTA | *Trilogia O Reino das Sombras, vol. 3*
ROBSON PINHEIRO *pelo espírito Ângelo Inácio*

Se você tem coragem, olhe ao redor: chegaram os tempos do fim.
Não o famigerado fim do mundo, mas o fim de um tempo – para
os dragões, para o império da maldade. E o início de outro, para
construir a fraternidade e a ética. Um romance, um testemunho
de fé, que revela a força dos guardiões, emissários do Cordeiro
que detêm a propagação do mal. Quer se juntar a esse exército?
A batalha já começou.

ISBN: 978-85-99818-08-4 • ROMANCE MEDIÚNICO • 2010 • 640 PÁGS. • BROCHURA • 14 X 21CM

A FORÇA ETERNA DO AMOR
ROBSON PINHEIRO *pelo espírito Teresa de Calcutá*

"O senhor não daria banho em um leproso nem por um milhão de dólares? Eu também não. Só por amor se pode dar banho em um leproso". Cidadã do mundo, grande missionária, Nobel da Paz, figura inspiradora e controvertida. Desconcertante, veraz, emocionante: esta é Teresa. Se você a conhece, vai gostar de saber o que pensa; se ainda não, prepare-se, pois vai se apaixonar. Pela vida.

ISBN: 978-85-87781-38-3 • AUTOCONHECIMENTO • 2009 • 318 PÁGS. • BROCHURA • 16 X 23CM

PELAS RUAS DE CALCUTÁ
ROBSON PINHEIRO *pelo espírito Teresa de Calcutá*

"Não são palavras delicadas nem, tampouco, a repetição daquilo que você deseja ouvir. Falo para incomodar". E é assim, presumindo inteligência no leitor, mas também acomodação, que Teresa retoma o jeito contundente e controvertido e não poupa a prática cristã de ninguém, nem a dela. Duvido que você possa terminar a leitura de *Pelas ruas de Calcutá* e permanecer o mesmo.

ISBN: 978-85-99818-23-7 • AUTOCONHECIMENTO • 2012 • 368 PÁGS. • BROCHURA • 16 X 23CM

MULHERES DO EVANGELHO
E OUTROS PERSONAGENS TRANSFORMADOS PELO ENCONTRO COM JESUS
ROBSON PINHEIRO *pelo espírito Estêvão*

A saga daqueles que tiveram suas vidas transformadas pelo encontro com Jesus, contadas por quem viveu na Judeia dos tempos do Mestre. O espírito Estêvão revela detalhes de diversas histórias do Evangelho, narrando o antes, o depois e o que mais o texto bíblico omitiu a respeito da vida de personagens que cruzaram os caminhos do Rabi da Galileia.

ISBN: 978-85-87781-17-8 • JESUS E O EVANGELHO • 2005 • 208 PÁGS. • BROCHURA • 14 X 21CM

NEGRO
ROBSON PINHEIRO *pelo espírito Pai João de Aruanda*

A mesma palavra para duas realidades diferentes. Negro. De um lado, a escuridão, a negação da luz e até o estigma racial. De outro, o gingado, o saber de um povo, a riqueza de uma cultura e a história de uma gente. Em Pai João, a sabedoria é negra, porque nascida do cativeiro; a alma é negra, porque humana – mistura de bem e mal. As palavras e as lições de um negro-velho, em branco e preto.

ISBN: 978-85-99818-14-5 • AUTOCONHECIMENTO • 2011 • 256 PÁGS. • CAPA DURA • 16 X 23CM

SABEDORIA DE PRETO-VELHO
REFLEXÕES PARA A LIBERTAÇÃO DA CONSCIÊNCIA
ROBSON PINHEIRO *pelo espírito Pai João de Aruanda*

Ainda se escutam os tambores ecoando em sua alma; ainda se notam as marcas das correntes em seus punhos. Sinais de sabedoria de quem soube aproveitar as lições do cativeiro e elevar-se nas asas da fé e da esperança. Pensamentos, estórias, cantigas e conselhos na palavra simples de um pai-velho. Experimente sabedoria, experimente Pai João de Aruanda.

ISBN: 978-85-99818-05-3 • AUTOCONHECIMENTO • 2003 • 187 PÁGS.
BROCHURA COM ACABAMENTO EM ACETATO • 16 X 23CM

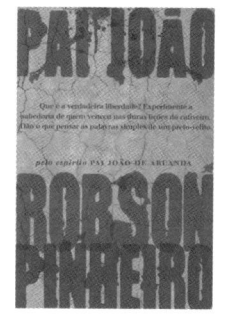

PAI JOÃO
LIBERTAÇÃO DO CATIVEIRO DA ALMA
ROBSON PINHEIRO *pelo espírito Pai João de Aruanda*

Estamos preparados para abraçar o diferente? Qual a sua disposição real para escolher a companhia daquele que não comunga os mesmos ideais que você e com ele desenvolver uma relação proveitosa e pacífica? Se sente a necessidade de empreender tais mudanças, matricule-se na escola de Pai João. E venha aprender a verdadeira fraternidade. Dão o que pensar as palavras simples de um preto-velho.

ISBN: 978-85-87781-37-6 • AUTOCONHECIMENTO • 2005 • 256 PÁGS.
BROCHURA COM CAIXA • 16 X 23CM

Você com você
Marcos Leão *pelo espírito Calunga*

Palavras dinâmicas, que orientam sem pressionar, que incitam à mudança sem engessar nem condenar, que iluminam sem cegar. Deixam o gosto de uma boa conversa entre amigos, um bate-papo recheado de humor e cheiro de coisa nova no ar. Calunga é sinônimo de irreverência, originalidade e descontração.

ISBN: 978-85-99818-20-6 • AUTOAJUDA • 2011 • 176 PÁGS. • CAPA FLEXÍVEL • 16 X 23CM

O próximo minuto
Robson Pinheiro *pelo espírito Ângelo Inácio*

Um grito em favor da liberdade, um convite a rever valores, a assumir um ponto de vista diferente, sem preconceitos nem imposições, sobretudo em matéria de sexualidade. Este é um livro dirigido a todos os gêneros. Principalmente àqueles que estão preparados para ver espiritualidade em todo comportamento humano. É um livro escrito com coração, sensibilidade, respeito e cor. Com todas as cores do arco-íris.

ISBN: 978-85-99818-24-4 • ROMANCE MEDIÚNICO • 2012 • 473 PÁGS. • BROCHURA • 16 X 23CM

Faz parte do meu show
A trajetória de um artista em busca de si mesmo
Robson Pinheiro *orientado pelo espírito Ângelo Inácio*

Um livro que fala de coragem, de arte, de música da alma, da alma do rock e do rock das almas. Deixe-se encantar por quem encantou multidões. Rebeldia somada a sexo, drogas e muito *rock'n'roll* identificam as pegadas de um artista que curtiu a vida do seu jeito: como podia e como sabia. Orientado pelo autor de *A marca da besta*.

ISBN: 978-85-99818-07-7 • ROMANCE MEDIÚNICO • 2004/2010 • 181 PÁGS. BROCHURA • 14 X 21CM

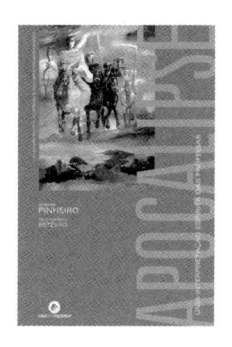

Apocalipse
Uma interpretação espírita das profecias
Robson Pinheiro *pelo espírito Estêvão*

O livro profético como você nunca viu. O significado das profecias contidas no livro mais temido e incompreendido do Novo Testamento, analisado de acordo com a ótica otimista que as lentes da doutrina espírita proporcionam. O autor desconstrói as imagens atemorizantes das metáforas bíblicas e as decodifica.

ISBN: 978-85-87781-16-1 • JESUS E O EVANGELHO • 1997 • 272 PÁGS. • BROCHURA • 16 X 23CM

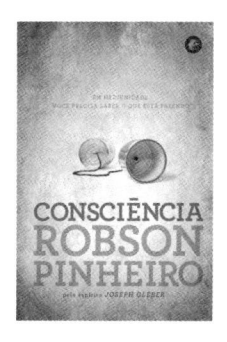

Consciência
Em mediunidade, você precisa saber o que está fazendo
Robson Pinheiro *pelo espírito Joseph Gleber*

Já pensou entrevistar um espírito a fim de saciar a sede de conhecimento sobre mediunidade? Nós pensamos. Mais do que saciar, Joseph Gleber instiga ao tratar de materialização, corpo mental, obsessões complexas e apometria, além de animismo – a influência da alma do médium na comunicação –, que é dos grandes tabus da atualidade.

ISBN: 978-85-99818-06-0 • SAÚDE E MEDIUNIDADE • 2007 • 288 PÁGS. • BROCHURA • 16 X 23CM

Energia
Novas dimensões da bioenergética humana
Robson Pinheiro *sob orientação dos espíritos Joseph Gleber, André Luiz e José Grosso*

Numa linguagem clara e direta, o médium Robson Pinheiro faz uso de sua experiência de mais de 25 anos como terapeuta holístico para ampliar a visão acerca da saúde plena, necessariamente associada ao conhecimento da realidade energética.
Anexo com exercícios práticos de revitalização energética, ilustrados passo a passo.

ISBN: 978-85-99818-02-2 • SAÚDE E MEDIUNIDADE • 2008 • 238 PÁGS. • BROCHURA • 16 X 23CM

QUIETUDE
ROBSON PINHEIRO *pelo espírito Alex Zarthú*

Faça as pazes com as próprias emoções.
Com essa proposta ao mesmo tempo tão singela e tão abrangente,
Zarthú convida à quietude. Lutar com os fantasmas da alma não
é tarefa simples, mas as armas a que nos orienta a recorrer são
eficazes. Que tal fazer as pazes com a luta e aquietar-se?

ISBN: 978-85-99818-31-2 • AUTOCONHECIMENTO • 2014 • 192 PÁGS. • CAPA FLEXÍVEL • 17 x 24CM

SERENIDADE
ROBSON PINHEIRO *pelo espírito Alex Zarthú*

Já se disse que a elevação de um espírito se percebe no pouco que
fala e no quanto diz. Se é assim, Zarthú é capaz de pôr em xeque
nossa visão de mundo sem confrontá-la; consegue despertar a
reflexão e a mudança em poucos e leves parágrafos, em uma ou
duas páginas. Venha conquistar a serenidade.

ISBN: 978-85-99818-27-5 • AUTOCONHECIMENTO • 1999/2013 • 176 PÁGS. • BROCHURA • 17 x 24CM

SUPERANDO OS DESAFIOS ÍNTIMOS
A NECESSIDADE DE TRANSFORMAÇÃO INTERIOR
ROBSON PINHEIRO *pelo espírito Alex Zarthú*

No corre-corre das cidades, a angústia e a ansiedade tornaram-se
tão comuns que parecem normais, como se fossem parte da vida
humana na era da informação; quem sabe um preço a pagar pelas
comodidades que os antigos não tinham? A serenidade e o equilíbrio
das emoções são artigos de luxo, que pertencem ao passado. Essa é a
realidade que temos de engolir? É hora de superar desafios íntimos.

ISBN: 978-85-87781-24-6 • AUTOCONHECIMENTO • 2000 • 200 PÁGS.
BROCHURA COM SOBRECAPA EM PAPEL VEGETAL COLORIDO • 14 X 21CM

CIDADE DOS ESPÍRITOS | *Trilogia Os Filhos da Luz, vol.1*
ROBSON PINHEIRO *pelo espírito Ângelo Inácio*

Onde habitam os Imortais, em que mundo vivem os guardiões da humanidade? É um sonho? Uma miragem? Não! É Aruanda, a cidade dos espíritos, onde orientadores evolutivos do mundo vivem, trabalham e, de lá, partem para amparar, socorrer, influenciando os destinos dos homens muito mais do que estes imaginam.

ISBN: 978-85-99818-25-1 • ROMANCE MEDIÚNICO • 2013 • 460 PÁGS. • BROCHURA • 16 X 23CM

OS GUARDIÕES | *Trilogia Os Filhos da Luz, vol.2*
ROBSON PINHEIRO *pelo espírito Ângelo Inácio*

Se a justiça é a força que impede a propagação do mal, há de ter seus agentes. Quem são os guardiões? A quem é confiada a responsabilidade de representar a ordem e a disciplina, de batalhar pela paz? Cidades espirituais tornam-se escolas que preparam cidadãos espirituais. Os umbrais se esvaziam; decretou-se o fim da escuridão. E você, como porá em prática sua convicção em dias melhores?

ISBN: 978-85-99818-28-2 • ROMANCE MEDIÚNICO • 2013 • 474 PÁGS. • BROCHURA • 16 X 23CM

OS IMORTAIS | *Trilogia Os Filhos da Luz, vol.3*
ROBSON PINHEIRO *pelo espírito Ângelo Inácio*

Os Imortais ou espíritos superiores já tiveram seus dias sobre a Terra, e a maioria deles ainda os terá. Se essa constatação é ponto pacífico ao menos entre espiritualistas, por que tanta dificuldade em admitir seu lado humano?

ISBN: 978-85-99818-29-9 • ROMANCE MEDIÚNICO • 2013 • 443 PÁGS. • BROCHURA • 16 X 23CM

Encontro com a vida
Robson Pinheiro *pelo espírito Ângelo Inácio*

"Todo erro, toda fuga é também uma procura." Apaixone-se por Joana, a personagem que percorre um caminho tortuoso na busca por si mesma. E quem disse que não há uma nova chance à espreita, à espera do primeiro passo? Uma narrativa de esperança e fé — fé no ser humano, fé na vida. Do fundo do poço, em meio à venda do próprio corpo e à dependência química, ressurge Joana. Fé, romance, ajuda do Além e muita perseverança são os ingredientes dessa jornada. Emocione-se... Encontre-se com Joana, com a vida.

ISBN: 978-85-99818-30-5 • ROMANCE MEDIÚNICO • 2001/2014 • 304 PÁGS. BROCHURA • 16 X 23CM

Canção da esperança
A TRANSFORMAÇÃO DE UM JOVEM QUE VIVEU COM AIDS
Robson Pinheiro *pelo espírito Franklim*
CONTÉM ENTREVISTA E CANÇÕES COM O ESPÍRITO CAZUZA.

Conheça a transformação de um jovem que fez da dor, aprendizado; do obstáculo, superação. Uma trajetória cheia de coragem, que é uma lição comovente e um jato de ânimo em todos nós. Prefácio pelas mãos de Chico Xavier.

ISBN: 978-85-99818-33-6 • ROMANCE MEDIÚNICO • 1995/2002/2014 • 320 PÁGS. BROCHURA • 16 x 23CM

Crepúsculo dos deuses
UM ROMANCE HISTÓRICO SOBRE A VINDA
DOS HABITANTES DE CAPELA PARA A TERRA
Robson Pinheiro *pelo espírito Ângelo Inácio*

Extraterrestres em visita à Terra e a vida dos habitantes de Capela ontem e hoje. A origem dos dragões — espíritos milenares devotados ao mal —, que guarda ligação com acontecimentos que se perdem na eternidade. Um romance histórico que mistura CIA, FBI, ações terroristas e lhe coloca frente a frente com o iminente êxodo planetário: o juízo já começou.

ISBN: 978-85-99818-09-1 • ROMANCE MEDIÚNICO • 2002 • 403 PÁGS. • BROCHURA • 16 X 23CM

Responsabilidade Social

A Casa dos Espíritos nasceu, na verdade, como um braço da Sociedade Espírita Everilda Batista, instituição beneficente situada em Contagem, mg. Alicerçada nos fundamentos da doutrina espírita, expostos nos livros de Allan Kardec, a Casa de Everilda sempre teve seu foco na divulgação das ideias espíritas, apresentando-as como caminho para libertar a consciência e promover o ser humano. Romper preconceitos e tabus, renovando e transformando a visão da vida: eis a missão que a cumpre com cursos de estudo do espiritismo, palestras, tratamentos espirituais e diversas atividades, todas gratuitas e voltadas para o amparo da comunidade. Eis também os princípios que definem a linha editorial da Casa dos Espíritos. É por isso que, para nós, responsabilidade social não é uma iniciativa isolada, mas um compromisso crucial, que está no dna da empresa. Hoje, ambas instituições integram, juntamente com a Clínica Holística Joseph Gleber e a Aruanda de Pai João, o projeto denominado Universidade do Espírito de Minas Gerais — UniSpiritus —, voltado para a educação em bases espirituais [www.everildabatista.org.br].